Alexander Thiele
Das Mandat der EZB und die Krise des Euro

Alexander Thiele

Das Mandat der EZB und die Krise des Euro

Eine Untersuchung der von der EZB
im Zusammenhang mit der Eurokrise
ergriffenen Maßnahmen
auf ihre Vereinbarkeit mit den
rechtlichen Vorgaben des europäischen
Primärrechts

Mohr Siebeck

Alexander Thiele, geb. 1979 in Uelzen; Studium der Rechtswissenschaften in Göttingen; 2004 Erstes Staatsexamen; 2006 Promotion; 2006–2008 Referendariat in Hamburg und Brüssel; 2008 Zweites Staatsexamen; seit 2009 wissenschaftlicher Assistent an der Georg-August-Universität Göttingen (ab 2010 als Akademischer Rat a.Z.); 2013 Habilitation; WS 2013/2014 Vertretung eines Lehrstuhls für Öffentliches Recht an der Ruhr-Universität Bochum.

ISBN 978-3-16-152827-9

Die Deutsche Nationalbibliothek verzeichnet diese Publikation in der Deutschen Nationalbibliographie; detaillierte bibliographische Daten sind im Internet über *http://dnb.dnb.de* abrufbar.

© 2013 Mohr Siebeck Tübingen. www.mohr.de

Das Werk einschließlich aller seiner Teile ist urheberrechtlich geschützt. Jede Verwertung außerhalb der engen Grenzen des Urheberrechtsgesetzes ist ohne Zustimmung des Verlags unzulässig und strafbar. Das gilt insbesondere für Vervielfältigungen, Übersetzungen, Mikroverfilmungen und die Einspeicherung und Verarbeitung in elektronischen Systemen.

Das Buch wurde von Computersatz Staiger in Rottenburg/N. aus der Stempel-Garamond gesetzt, von Gulde-Druck in Tübingen auf alterungsbeständiges Werkdruckpapier gedruckt und von der Buchbinderei Spinner in Ottersweier gebunden.

Für H.

Vorwort

Die vorliegende Untersuchung ist die erweiterte Fassung meiner im Rahmen des Habilitationsverfahrens am 17.06.2013 – und damit nur wenige Tage nach der mündlichen Verhandlung des Bundesverfassungsgerichts im ESM-Hauptsacheverfahren – gehaltenen Probevorlesung. Das Bundesverfassungsgericht hat sich in diesem Verfahren aufgrund zahlreicher eher „unkonventioneller" geldpolitischer Maßnahmen ausführlich mit dem Umfang und den Grenzen der Kompetenzen der EZB sowie den Anforderungen an deren Unabhängigkeit auseinandergesetzt – was sich angesichts der Stellung des höchsten deutschen Gerichts im europäischen Verfassungsverbund keineswegs als selbstverständlich oder sogar fragwürdig erweist. Unabhängig davon, ob man diese Rolle des Bundesverfassungsgerichts aber goutieren möchte oder nicht, war formeller Gegenstand dieses Verfahrens zu jedem Zeitpunkt allein das deutsche Grundgesetz. Die Einhaltung der Vorgaben des europäischen Primärrechts spielte insoweit zwar mittelbar eine Rolle; gleichwohl ist es auch aus der Perspektive des Bundesverfassungsgerichts unzweifelhaft, dass nicht jeder noch so marginale Verstoß gegen europäisches Primärrecht zugleich als verfassungswidrig einzustufen wäre. Angesichts dieses zurückgenommenen Prüfungsmaßstabs wird das Bundesverfassungsgericht im Hinblick auf die Vereinbarkeit der Maßnahmen der EZB mit ihrem primärrechtlichen Mandat folglich keine abschließende Entscheidung treffen können – zumal nur das OMT-Programm näher untersucht wurde und dem EuGH ohnehin der erste Zugriff auf diese Frage zustünde. Mit der vorliegenden Untersuchung wird demgegenüber eine Überprüfung der rechtlichen Zulässigkeit der ergriffenen Maßnahmen am Maßstab des europäischen Primärrechts vorgenommen werden. Sie versteht sich dabei auch als Beitrag zu der bisweilen etwas zu emotional geführten Diskussion um die allgemeine „Rechtstreue" der Europäischen Union.

Für zahlreiche hilfreiche Hinweise darf ich mich bei *Prof. Dr. Dr. h.c. Werner Heun* und Frau *Dr. Pia Lange* bedanken. Herrn *Dr. Franz-Peter Gillig* danke ich für die Aufnahme der Untersuchung in das Verlagsprogramm von Mohr Siebeck und die stets angenehme Zusammenarbeit.

Die Wissenschaftsförderung der Sparkassen-Finanzgruppe e.V. hat die Veröffentlichung mit einem Zuschuss zu den Druckkosten gefördert.

Göttingen im Juni 2013   Alexander Thiele

Inhaltsverzeichnis

Kapitel 1: Einführung 1

A. Die Krise des Euro 1
    I. Die Heterogenität der Mitgliedstaaten 3
    II. Unmöglichkeit monetärer Abwertungen 9
B. Die neue Rolle der EZB und anderer Zentralbanken 12
C. Die Rolle des Rechts – das normative Mandat der EZB 18

Kapitel 2: Mandat, Instrumente und Stellung der EZB 23

A. Das Mandat der EZB 23
    I. Das vorrangige Ziel: Sicherung der Preisstabilität 24
        1. Bedeutung der Preisstabilität in einer marktwirtschaftlichen Volkswirtschaft 24
        2. Begriff der Preisstabilität und Beurteilungsspielraum der EZB 27
    II. Unterstützung der Wirtschaftspolitik in der Union 33
B. Instrumente der EZB und Wahl- und Entwicklungsfreiheit der EZB 37
    I. (Theoretische) Funktionsweise einer Zentralbank 37
    II. Die prinzipiellen Instrumente der EZB 41
    III. Entscheidung über die Art und den Umfang der Instrumente 46
        1. Die Bedeutung der geldpolitischen Methode und Strategie 46
        2. Der „Zwei-Säulen-Ansatz" der EZB 48
        3. Die Entscheidung über den Einsatz der zur Verfügung stehenden Instrumente 49

C. Die unabhängige Stellung der EZB 51

Kapitel 3: Die rechtliche Zulässigkeit der im Rahmen der Staatsschuldenkrise ergriffenen Maßnahmen 57

A. Der Ankauf von Staatsanleihen krisengeschüttelter Staaten 58
    I. Die Ankaufprogramme der EZB im Zusammenhang mit der Staatsschuldenkrise 58
    II. Generelle Zulässigkeit, Bedeutung und Problematik von Anleihekäufen 59
    III. Normative Begrenzungen des Art. 123 Abs. 1 AEUV 63
       1. Das Verbot unmittelbarer Staatsfinanzierung 63
       2. Verbot des Anleiheerwerbs in bestimmten Konstellationen 67
          a) Generelle Begrenzung der Anleihekäufe auf „Ausnahmen"? 67
          b) Verbot „verkappter" Wirtschafts- und Fiskalpolitik? 68
          c) Umgehung des Art. 123 Abs. 1 AEUV 73
              aa) Abgabe einer unbegrenzten Ankaufgarantie zum Emissionspreis 73
              bb) Durch Errichtung eines staatlichen Marktakteurs mit „Banklizenz" 74
    IV. Verstoß gegen das allgemeine Erfordernis der Unabhängigkeit 76

B. Annahme bestimmter Staatsanleihen als notenbankfähige Sicherheiten 80

C. Die „Longer-term refinancing Operations" 84

Kapitel 4: Zusammenfassung und Ausblick 89

A. Zusammenfassung 89
B. Ausblick 93

Literaturverzeichnis 95

Register 103

Kapitel 1

Einführung

„Scheitert der Euro, scheitert Europa"
Bundeskanzlerin *Dr. Angela Merkel*

A. Die Krise des Euro

Die Tatsache, dass sich die Eurozone angesichts der Schwierigkeiten einiger Mitgliedstaaten, sich zu angemessenen Konditionen auf den Finanzmärkten zu refinanzieren in einer gewissen Krisensituation befindet, wird heute kaum jemand leugnen. Der Ausbruch dieser Krise gerade in den letzten Jahren hängt dabei zwar mit der in ihren Ausmaßen noch sehr viel größeren Finanzkrise der Jahre 2008/2009[1] zusammen, deren weltweite Auswirkungen zweifellos noch in den nächsten Jahren oder sogar Jahrzehnten zu spüren sein werden. Tatsächlich sind die Probleme einiger heutiger Krisenstaaten – insbesondere diejenigen Spaniens und Irlands – denn auch äußerst eng mit dem (beinahe) Zusammenbruch der Finanzmärkte und dem damit im Zusammenhang stehenden Platzen der Immobilienblase verknüpft.[2] Gleichwohl wäre es eine allzu starke Vereinfachung und letztlich auch unzutreffend, die Verantwortung für die bestehende Krisensituation in den betroffenen Mitgliedstaaten der Eurozone gänzlich auf die seitdem um sich greifende Rezessionsphase der Weltwirtschaft zu schieben. Nicht nur wird man etwa die Probleme Grie-

---

[1] Zu den Ursachen dieser Krise siehe *National Commission on the Causes of the Financial and Economic Crises in the United States*, The Financial Crisis Inquiry Report, 2011 sowie *H.W. Sinn*, Kasinokapitalismus, 2009. Knapper Überblick bei *C. A. E. Goodhart*, The Regulatory Response to the Financial Crisis, S. 9 ff.; *W. Heun*, Der Staat und die Finanzkrise, JZ 2010, 53 (53 ff.); *M. Blyth*, Austerity, S. 21 ff. sowie *K.-H. Moritz*, Geldtheorie und Geldpolitik, S. 343 ff.

[2] *C. Calliess*, Finanzkrisen als Herausforderung der internationalen, europäischen und nationalen Rechtsetzung, VVDStRL 71 (2012), 113 (152). Diesen Zusammenhang betont auch *M. Blyth*, Austerity, S. 51 ff. Auf die darüber hinaus bestehenden Konstruktionsmängel der Währungsunion (siehe sogleich) geht er an späterer Stelle allerdings auch knapp ein (S. 74 ff.).

chenlands[3] oder Italiens im Kern als selbstverschuldet ansehen müssen, darüber hinaus offenbarte die „historische"[4] Finanzkrise aber vor allem Konstruktionsmängel der (keineswegs ersten)[5] europäischen Währungsunion,[6] die dieser bereits seit ihrer Gründung im Jahr 1999 latent anhafteten,[7] sich aber erst mit den seit 2008 aufkommenden Turbulenzen auf den Finanzmärkten einer breiteren Öffentlichkeit in zum Teil sehr schmerzhafter Art und Weise offenbaren sollten.[8] Ohne auf die (ökonomischen) Schwächen der Konstruktion der europäischen Währungsunion im Einzelnen einzugehen,[9] wird man dabei vor allem zwei Dinge als ursächlich für die mittlerweile gemeinhin als „Eurokrise"[10] bezeichneten Schwierigkeiten nennen können:

---

[3] Eine Einbettung der aktuellen griechischen Krise in einen historischen Kontext findet sich bei *I. Zelepos*, Im Südosten nichts Neues? Ein historischer Blick auf die griechische Finanzkrise, Südosteuropa 60 (2012), 346 ff.

[4] Zum Attribut „historisch" in diesem Zusammenhang siehe *J. Arnoldi*, Alles Geld verdampft, S. 11 sowie *A. Thiele*, Finanzaufsicht, S. 1 ff., i.E.

[5] Bereits im Jahr 1865 wurde die „Lateinische Münzunion" zwischen Frankreich, Belgien, Italien und der Schweiz gegründet. Wenige Jahre später (1872) gründeten Dänemark, Schweden und Norwegen die „Skandinavische Münzunion", vgl. *G. Thiemeyer*, Europäische Integration, S. 32.

[6] *M. Blyth*, Austerity, S. 91 spricht insoweit von „glaring holes in its institutional design".

[7] Ausführlich zur Entstehungsgeschichte des Euro *H. James*, Making the European Monetary Union, 2012 sowie *K. Dyson/K. Featherstone*, The Road to Maastricht, 1999. Knapper Überblick auch bei *R. Ohr*, Monetäre Integration in der Europäischen Gemeinschaft: Vom Werner-Plan zum Euro, Wirtschaftsdienst 2007, 106 ff.

[8] In der Fachliteratur wurden diese Schwächen hingegen seit jeher diskutiert. Aus ökonomischer Perspektive war die Einführung des Euro denn auch überaus umstritten. Besonders prominent war insoweit das von *R. Ohr* und *W. Schäfer* initiierte Manifest „Die währungspolitischen Beschlüsse von Maastricht: Eine Gefahr für Europa", welches am 11.6.1992 in der Frankfurter Allgemeinen Zeitung (FAZ) abgedruckt wurde. Am 9.2.1998 folgte ein zweites von *W. Kösters, M. Neumann, R. Ohr* und *R. Vaubel* verfasstes und ebenfalls in der FAZ veröffentlichtes Manifest „Der Euro kommt zu früh". Nachzulesen sind beide Manifeste bei *J. Starbatty*, Sieben Jahre Währungsunion, in: R. Ohr, Europäische Union ohne Grenzen?, S. 59 ff.

[9] Zur (institutionellen) Struktur der Währungsunion *M. Herdegen*, Europarecht, § 23, Rn. 23 ff.; *R. Streinz*, Europarecht, Rn. 1103 ff. sowie *D. Begg*, The Design of EMU, IMF Working Paper 97/99, August 1997, S. 1 ff. Instruktiv zur deutschen Rolle (insbesondere derjenigen Helmut Kohls) bei der Errichtung der WWU siehe *K. Dyson/K. Featherstone*, The Road to Maastricht, S. 256 ff.

[10] Ob sich dieser Begriff als glücklich erweist, erscheint allerdings fraglich. Immerhin wird damit suggeriert, dass die Probleme der Weltwirtschaft mit dem Euro unmittelbar verknüpft sind und eine Lösung der „Eurokrise" auch die Weltwirtschaft wieder beleben würde. Tatsächlich ist die schwächelnde Weltwirtschaft hingegen eine Folge der Finanzkrise, deren Auswirkungen spätestens seit 2010 mit einer wenig aussichtsreichen Austeritätspolitik bekämpft werden. Die „Eurokrise" tritt zu dieser

A. Die Krise des Euro

– Erstens die von Anfang an bestehende wirtschaftliche Heterogenität der an der Wirtschafts- und Währungsunion (WWU) teilnehmenden Mitgliedstaaten, die aufgrund einer fehlenden gemeinsamen europäischen Fiskal- und Wirtschaftspolitik nicht abgebaut, sondern sogar verstärkt wurde und die eine einheitliche, für alle Staaten passende Geldpolitik durch die EZB außerordentlich erschwert und bisweilen sogar unmöglich macht (I).
– Zweitens – und das ist wiederum keine Besonderheit gerade der europäischen Währungsunion – die Unmöglichkeit monetärer Abwertungen in einem einheitlichen Währungsraum (und damit das Erfordernis der realen Abwertung), was den in die Krise geratenen Mitgliedstaaten ganz erhebliche Probleme bei der Umsetzung der ohne Zweifel notwendigen wirtschaftlichen Reformen bereitet (II).

I. Die Heterogenität der Mitgliedstaaten

Eine Währungsunion kann durch die Verminderung von Transaktionskosten, dem Entfallen von Schwankungen des nominalen Wechselkurses und der erhöhten Preistransparenz ganz erhebliche Vorteile gegenüber einer Vielzahl an Einzelwährungen aufbieten. Dass über die Errichtung einer solchen Währungsunion gerade im eng verzahnten europäischen Binnenmarkt frühzeitig nachgedacht wurde, leuchtet insoweit unmittelbar ein. Andererseits verzichten die einzelnen Mitgliedstaaten in einer solchen notwendig auf eine eigenständige Geld- und Wechselkurspolitik, die nach einem Beitritt nur noch einheitlich für den gesamten Währungsraum erfolgen und dadurch erhebliche „Beitrittskosten" nach sich ziehen kann. Ob ein Staat einer bestehenden Währungsunion beitreten bzw. ob eine solche überhaupt errichtet werden sollte, ist insofern davon abhängig, dass die genannten Vorteile die damit einhergehenden Nachteile (volkswirtschaftlich) überwiegen.[11] In der Ökonomie herrscht dabei weitestgehend Einigkeit, dass der Zusammenschluss zu einer Währungsunion vor diesem Hintergrund grundsätzlich nur dann sinnvoll erscheint, wenn und soweit zwischen den teilnehmenden Staaten eine gewisse wirtschaftliche Homogenität besteht, so dass eine einheitliche

---

eigentlichen Krise lediglich hinzu, vgl. dazu auch *A. Thiele*, (K)eine Herzensangelegenheit? Die „Euro-Rettung" darf zu keiner Spaltung der Union führen, EuZW 2012, 929.

[11] Siehe dazu auch *R. Ohr*, Gesamtwirtschaftliche Risiken der Europäischen Währungsunion, in: J. H. v. Stein, Handbuch Euro, S. 15 ff.

Geldpolitik überhaupt möglich und effektiv durchführbar ist.[12] Die in diesem Zusammenhang entwickelten Kriterien eines „optimalen Währungsraums"[13] – Preis- und Lohnflexibilität und Faktormobilität, Diversifikation der Produktion, große Offenheit der Volkswirtschaften sowie insgesamt homogene Präferenzen im Hinblick auf die Reaktion auf wirtschaftliche Schocks[14] – erfüllte die europäische Währungsunion allerdings zu keinem Zeitpunkt. Tatsächlich kombinierte sie in dieser Hinsicht nicht nur überaus unterschiedliche wirtschaftliche Philosophien, sondern auch in ihrer Entwicklung stark divergierende Wirtschaftsräume, die heute bisweilen mit dem Gegensatzpaar „Nordländer/Südländer" paraphrasiert werden und die sich auch in den folgenden Jahren kaum angleichen sollten. Zwar enthielt bereits der Maastricht-Vertrag spezifische Konvergenzkriterien,[15] die sicherstellen sollten, dass die Teilnehmerländer zumindest zum Zeitpunkt der Errichtung bzw. des jeweiligen Beitritts „eine einigermaßen homogene Stabilitätsgemeinschaft"[16] bildeten. Die Überprüfung der Einhaltung dieser Kriterien erfolgte jedoch schon nicht mit der notwendigen ökonomischen Härte, wenn etwa Maßnahmen kreativer Buchführung[17] oder – wie im Falle Griechenlands – erhöhte Schuldenstände akzeptiert wurden.[18] Im Übrigen handelte es sich bei diesen Vorgaben ohnehin um stichtagsbezogene[19] nominale und

---

[12] Vgl. *R. Ohr*, Gesamtwirtschaftliche Risiken der Europäischen Währungsunion, in: J. H. v. Stein, Handbuch Euro, S. 15 (16): „Zugleich muss innerhalb einer Währungsunion eine Geld- und Währungspolitik definierbar sein, die zu allen beteiligten Mitgliedsländern gleichermaßen ‚passt'"

[13] Dazu auch *H.-P. Spahn*, Geldpolitik, S. 284 ff.

[14] Siehe dazu den Überblick bei *E. Görgens/K. Ruckriegel/F. Seitz*, Europäische Geldpolitik, S. 12 f.

[15] Zu diesen *M. Herdegen*, Europarecht, § 23, Rn. 37 ff. sowie *H. Hahn/U. Häde*, Währungsrecht, § 14, Rn. 2 ff.

[16] *E. Görgens/K. Ruckriegel/F. Seitz*, Europäische Geldpolitik, S. 18.

[17] So reduzierten einige Mitgliedstaaten ihre Defizitquoten im „Stichtagsjahr" 1997 durch Maßnahmen mit zeitlich begrenzter Wirkung, um auf diesem Wege eine Defizitquote unterhalb der für eine Teilnahme geforderten 3%-Marke zu erreichen. Dass solche Maßnahmen letztlich keinen Beleg solider Haushaltsführung darstellen, leuchtet unmittelbar ein, spielte für die Erfüllung der relevanten Konvergenzkriterien jedoch keine Rolle. Kritisch auch *R. Ohr*, Gesamtwirtschaftliche Risiken der Europäischen Währungsunion, in: J. H. v. Stein, Handbuch Euro, S. 15 (21 f.).

[18] Griechenland wies im Jahr 2000 (als über die Aufnahme entschieden wurde) einen Schuldenstand von 104% auf und lag damit deutlich über dem geforderten Wert von 60%. Im Nachhinein stellte sich zudem heraus, dass die griechische Regierung durch die Angabe falscher Zahlen auch die bestehende Defizitquote erheblich „geschönt" hatte.

[19] Maßgeblich für die Entscheidung über die Aufnahme eines Mitgliedstaats zum 1.1.1999 war die Erfüllung der Konvergenzkriterien im Jahr 1997.

nicht um reale Konvergenzkriterien, die für die Feststellung der notwendigen (und nachhaltigen) ökonomischen Homogenität letztlich nur begrenzt aussagekräftig waren.[20]

Diese bereits beim Eintritt in die dritte Stufe der Währungsunion im Jahr 1999 bestehenden und der Stabilität des Währungsraumes von vornherein abträglichen wirtschaftlichen Heterogenitäten der teilnehmenden Mitgliedstaaten wurden zusätzlich dadurch verschärft, dass im Rahmen der WWU auf eine einheitliche europäische Fiskal- und Wirtschaftspolitik verzichtet wurde.[21] Die entsprechenden Kompetenzen verblieben vielmehr im Kern bei den einzelnen Mitgliedstaaten:[22] „The fundamental problem of the European Monetary Union lies in its incompleteness or lopsidedness. There was a much better preparation for the monetary side of monetary union than for the fiscal concomitants that should have underpinned its stability […].“[23] Zwar setzte Deutschland mit dem Stabilitäts- und Wachstumspakt[24] eine verschärfte Überwachung der dauerhaften Einhaltung der Maastricht-Kriterien durch.[25] In der Folge wurde diesem Erfordernis aber keine größere Beachtung geschenkt und nicht zuletzt die deutsche Bundesregierung versetzte der – auch vom Bundesverfassungsgericht bereits in seinem Maastricht-Urteil betonten und angemahnten[26] – Stabilitätsorientierung der WWU einen herben Schlag,

---

[20] Kritisch insbesondere hinsichtlich der „Stichtagsregelung" und der Willkürlichkeit der Kriterien auch *R. Ohr*, Gesamtwirtschaftliche Risiken der Europäischen Währungsunion, in: J. H. v. Stein, Handbuch Euro, S. 15 (21).
[21] Vgl. auch *C. Gröpl*, Schritte zur Europäisierung des Haushaltsrechts, Der Staat 52 (2013), 1 (1 ff.); *C. Calliess*, Finanzkrisen als Herausforderung der internationalen, europäischen und nationalen Rechtsetzung, VVDStRL 71 (2012), 113 (167 ff.).
[22] Vorgesehen war und ist jedoch eine enge Koordinierung der Wirtschaftspolitik der Mitgliedstaaten einschließlich der Festlegung gemeinsamer Ziele, vgl. Art. 119 AEUV. Gleichwohl verbleibt es auch nach dem Vertrag von Lissabon bei einer grundsätzlich autonomen Wirtschaftspolitik der Mitgliedstaaten, vgl. *U. Häde*, in: C. Calliess/M. Ruffert, EUV/AEUV, Art. 119 AEUV, Rn. 6.
[23] *H. James*, Making the European Monetary Union, S. 382.
[24] Vgl. *J. Stark*, Die Konsequenzen der Europäischen Wirtschafts- und Währungsunion für die Wirtschaft Europas und der Einzelstaaten, in: J. H. v. Stein, Handbuch Euro, S. 3 (8 ff.) sowie ausführlich *K. Hentschelmann*, Der Stabilitäts- und Wachstumspakt, 2009.
[25] Dazu auch *C. Gröpl*, Schritte zur Europäisierung des Haushaltsrechts, Der Staat 52 (2013), 1 (3 f.).
[26] BVerfGE 89, 155 (204 f.): „Der Unions-Vertrag regelt die Währungsunion als eine auf Dauer der Stabilität verpflichtete und insbesondere Geldwertstabilität gewährleistende Gemeinschaft. Zwar lässt sich nicht voraussehen, ob die Stabilität einer ECU-Währung auf der Grundlage der im Vertrag getroffenen Vorkehrungen tatsächlich dauerhaft gesichert werden kann. Die Befürchtung eines Fehlschlags der Stabilitätsbemühungen, der sodann weitere finanzpolitische Zugeständnisse der Mitglied-

indem sie Ende 2003 darauf hinwirkte, dass ein gegen die Bundesrepublik eingeleitetes Defizitverfahren ausgesetzt wurde, obwohl sie das Defizitkriterium seit 2002 nicht eingehalten hatte und auch 2004 bereits absehbar nicht einhalten würde.[27] In der Folge hielten auch andere Staaten eine erhöhte Verschuldung zunehmend für eine eher lässliche Sünde,[28]

---

staaten zur Folge haben könnte, ist jedoch zu wenig greifbar, als dass sich daraus die rechtliche Unbestimmtheit des Vertrages ergäbe. Der Vertrag setzt langfristige Vorgaben, die das Stabilitätsziel zum Maßstab der Währungsunion machen, die durch institutionelle Vorkehrungen die Verwirklichung dieses Ziels sicherzustellen suchen und letztlich – als ultima ratio – beim Scheitern der Stabilitätsgemeinschaft auch einer Lösung aus der Gemeinschaft nicht entgegenstehen [...]. Diese Konzeption der Währungsunion als Stabilitätsgemeinschaft ist Grundlage und Gegenstand des deutschen Zustimmungsgesetzes. Sollte die Währungsunion die bei Eintritt in die dritte Stufe vorhandene Stabilität nicht kontinuierlich im Sinne des vereinbarten Stabilisierungsauftrags fortentwickeln können, so würde sie die vertragliche Konzeption verlassen." In seinem ESM-Urteil, 2 BvR 1390/12 vom 12.9.2012 hat das Bundesverfassungsgericht diese Zusammenhänge in Rn. 219 erneut hervorgehoben: „Das geltende Integrationsprogramm gestaltet die Währungsunion als Stabilitätsgemeinschaft aus. Dies ist, wie das Bundesverfassungsgericht wiederholt hervorgehoben hat (vgl. BVerfGE 89, 155 [205]; 97, 350 [369]; 129, 124 [181 f.]), wesentliche Grundlage für die Beteiligung der Bundesrepublik Deutschland an der Währungsunion. Die Verträge laufen dabei nicht nur hinsichtlich der Währungsstabilität mit den Anforderungen des Art. 88 Satz 2 GG, gegebenenfalls auch des Art. 14 Abs. 1 GG, parallel, der die Beachtung der Unabhängigkeit der Europäischen Zentralbank und das vorrangige Ziel der Preisstabilität zu dauerhaft geltenden Verfassungsanforderungen der deutschen Beteiligung an der Währungsunion macht (vgl. Art. 127 Abs. 1, Art. 130 AEUV); auch weitere zentrale Vorschriften zur Ausgestaltung der Währungsunion sichern die verfassungsrechtlichen Anforderungen unionsrechtlich ab." Zur ESM-Entscheidung *W. Kahl*, Bewältigung der Staatsschuldenkrise unter Kontrolle des Bundesverfassungsgerichts – ein Lehrstück zur horizontalen und vertikalen Gewaltenteilung, DVBl. 2013, 197 (197 ff.).

[27] Siehe dazu (auch zu den rechtlichen Zusammenhängen) *M. Herdegen*, Europarecht, § 23, Rn. 11 ff. In ähnlicher Weise wurde auch mit dem Defizit Frankreichs verfahren. Vgl. auch *C. Calliess*, Finanzkrisen als Herausforderung der internationalen, europäischen und nationalen Rechtsetzung, VVDStRL 71 (2012), 113 (168).

[28] *W. Streeck*, Gekaufte Zeit, S. 151 f., 180 ff. Siehe auch *C. Gröpl*, Schritte zur Europäisierung des Haushaltsrechts, Der Staat 52 (2013), 1 (4), der davon ausgeht, dass das Verhalten Deutschlands die Staatsschuldenkrisen in Griechenland und anderen Staaten der Euro-Zone zumindest verstärkt haben dürfte. Zum Erfordernis nicht allzu stark divergierender Schuldenstände in einer Währungsunion auch *R. Ohr*, Gesamtwirtschaftliche Risiken der Europäischen Währungsunion, in: J. H. v. Stein, Handbuch Euro, S. 15 (23): „Hinsichtlich der Neuverschuldung ist weniger ihre Höhe zum Zeitpunkt des Eintritts ökonomisch maßgeblich, sondern entscheidend ist die dauerhafte Konsolidierung der Staatshaushalte, die vor allem auch nach Eintritt in die Währungsunion beibehalten werden muss." Gerade das aber – so zeigte sich in den letzten Jahren – war bei der europäischen Währungsunion nicht der Fall.

die mit der Euroeinführung verknüpften niedrigen Zinsniveaus ließen diesen Weg ohnehin für einige heute betroffene Staaten – an erster Stelle wird man wohl Griechenland nennen müssen – besonders attraktiv erscheinen.[29]

Darüber hinaus wurden auch andere wirtschaftliche Entwicklungen in den einzelnen Mitgliedstaaten nicht in ihrer Bedeutung für eine nachhaltig stabile Währungsunion erkannt. Das betraf nicht zuletzt die unterschiedliche Lohnpolitik. Angesichts der Unmöglichkeit monetärer Abwertungen in einer Währungsunion müssen die für die Lohnpolitik zuständigen Tarifpartner streng darauf achten, Lohnsteigerungen an die jeweiligen Produktivitätssteigerungen zu knüpfen. Gehen sie darüber hinaus, steigen die Lohnstückkosten, wodurch im Vergleich zu anderen Mitgliedstaaten der Währungsunion die Produktivität sinkt, was wiederum weder durch monetäre Abwertungen noch durch eine länderspezifisch angepasste Geldpolitik aufgefangen werden kann. Die mittel- bis langfristige Folge sind damit Entlassungen und erhöhte Arbeitslosigkeit. Bei der Errichtung der Währungsunion bestand bisweilen die Hoffnung, dass sich die Tarifparteien ebenso wie die politischen Entscheidungsträger dieser Verantwortung bewusst sein würden und – auch angesichts der erhöhten Transparenz dieser Zusammenhänge innerhalb der einheitlichen Eurozone – von vornherein lohnpolitische Zurückhaltung üben würden. Tatsächlich wurde diese Hoffnung jedoch bitter enttäuscht. So lagen die Lohnsteigerungen etwa in Griechenland, Irland, Italien, Spanien und Portugal deutlich über den jeweiligen Produktivitätsfortschritten – diese Staaten lebten mithin zum Teil massiv „über ihre Verhältnisse", während es in Deutschland aber auch in Österreich sogar zu realen Lohnrückgängen und in der Folge zu einer zusätzlichen Steigerung der Wettbewerbsfähigkeit kam.[30] Die daraus resultierenden unausgeglichenen Leistungsbilanzen der einzelnen Mitgliedstaaten[31] wurden freilich weder von der Union noch von den Mitgliedstaaten und erst Recht nicht von deutscher Seite als Problem ernst genommen – gerade die Bundes-

---

[29] Vgl. *R. Ohr*, Falsche Anreize in der Währungsunion – Eine Gefahr für die EU, Wirtschaftsdienst 2011, 370 (373). Mittlerweile sind die Anforderungen an die staatliche Haushaltspolitik durch den sog. „Fiskalpakt" bzw. Fiskalvertrag verschärft worden, siehe dazu *F. Schorkopf*, Europas politische Verfasstheit im Lichte des Fiskalvertrages, ZSE 2012, 1 (1 ff.).
[30] *E. Görgens/K. Ruckriegel/F. Seitz*, Europäische Geldpolitik, S. 425.
[31] Deutschland und Österreich wiesen erhebliche Leistungsbilanzüberschüsse auf, während die anderen genannten Staaten bisweilen massive Leistungsbilanzdefizite erwirtschafteten.

republik ließ sich vielmehr in regelmäßigen Abständen als Exportweltmeister feiern –, obwohl die Bedeutung einer ausgeglichenen Gesamtzahlungsbilanz schon vor Eintritt in die Währungsunion vertraglich betont wurde[32] und der heutige Art. 119 Abs. 3 AEUV[33] die Einhaltung einer dauerhaft finanzierbaren Zahlungsbilanz ausdrücklich fordert. Nach § 1 StWG war und ist im Übrigen auch die deutsche Wirtschaftspolitik dem Erfordernis eines außenwirtschaftlichen Gleichgewichts verpflichtet, was in den letzten Jahren offenkundig keine größere Rolle gespielt zu haben scheint, was sich aus normativer Perspektive gleichwohl als bedenklich erweist.[34] Das zunehmende Auseinanderdriften der einzelnen Mitgliedstaaten und die dadurch bedingten, jedenfalls auch auf den Balassa-Samuelson-Effekt zurückzuführenden regionalen Inflationsdifferenzen machten eine einheitliche und für alle Teilnehmerstaaten passende Geldpolitik im Ergebnis praktisch unmöglich. Die EZB stand hier gewissermaßen zwischen den Stühlen. Für den Währungsraum insgesamt war sie zwar weiterhin erfolgreich – im Hinblick auf die Preisstabilität sogar erfolgreicher als die so hoch gelobte Deutsche Bundesbank –, aus der Perspektive der einzelnen Mitgliedstaaten waren ihre Maßnahmen hingegen entweder zu restriktiv oder zu expansiv: „One size fits none."[35] Der fiskalische Zusammenbruch der „Südstaaten" war unter diesen Umständen

---

[32] Der damalige Art. 104 EWGV lautete: „Jeder Mitgliedstaat betreibt die Wirtschaftspolitik, die erforderlich ist, um unter Wahrung eines hohen Beschäftigungsstands und eines stabilen Preisniveaus das Gleichgewicht seiner Gesamtzahlungsbilanz zu sichern und das Vertrauen in seine Währung aufrechtzuerhalten." Vgl. dazu auch *R. Ohr*, Monetäre Integration in der Europäischen Gemeinschaft: Vom Werner-Plan zum Euro, Wirtschaftsdienst 2007, 106 (106) sowie *L. Gleske*, Nationale Geldpolitik auf dem Wege zur europäischen Währungsunion, in: Deutsche Bundesbank, Währung und Wirtschaft in Deutschland 1876–1975, S. 745 (750 ff.).

[33] Es handelt sich um den früheren Art. 4 Abs. 3 EG-Vertrag in der Amsterdamer Fassung.

[34] In der Politik herrschte hingegen offensichtlich der Glaube, dass allein Handelsbilanz*defizite* ein Problem darstellen. Diese Ansicht lässt sich allerdings weder ökonomisch noch normativ halten. Ein damit an sich wohl erforderliches früheres Einschreiten der Politik gegen die massiven Exportüberschüsse hätte das Ausmaß der heutigen Krise möglicherweise auch deutlich verringert.

[35] *Notre Europe*, Den Euro vollenden, November 2012, S. 16. Aktuell mehren sich denn auch die Stimmen, die für eine Übertragung fiskal- und wirtschaftspolitischer Kompetenzen auf die EU plädieren, um eine bessere Koordination mit der Geldpolitik zu ermöglichen, vgl. *R. Bieber/A. Epiney/M. Haag*, Die Europäische Union, § 21, Rn. 2. Die Kommission hat diese Überlegungen umgehend und bereitwillig aufgenommen, siehe etwa die Mitteilung der Kommission „Stärkung der wirtschaftspolitischen Koordinierung für Stabilität, Wachstum und Beschäftigung – Instrumente für bessere wirtschaftspolitische Steuerung der EU", KOM (2010) 367 vom 30.6.2010.

nur eine Frage der Zeit – die Finanzkrise 2008/2009 fungierte insoweit lediglich als Katalysator. Die Verantwortlichkeit für diese missliche Entwicklung und die prekäre Stellung der EZB liegt dabei zweifellos bei den Mitgliedstaaten und der Union, die die Bedeutung makroökonomischer Ungleichgewichte[36] viel zu spät erkannt und in normativen Regelungen zum Ausdruck gebracht haben.[37]

II. Unmöglichkeit monetärer Abwertungen

Entsprechende auf den Abbau dieser makroökonomischen Ungleichgewichte und die Wiederherstellung der erforderlichen Wettbewerbsfähigkeit gerichtete (nationale und unionale) Maßnahmen erweisen sich darüber hinaus in einer Währungsunion als ungleich schwerer zu verwirklichen, als bei der Existenz unterschiedlicher Währungen. Das liegt allerdings nicht in einer Besonderheit gerade der europäischen Währungsunion als vielmehr in der Tatsache begründet, dass in einer Währungsunion generell *monetäre* Abwertungen als Mittel zur kurzfristigen Erhöhung der internationalen Wettbewerbsfähigkeit nicht zur Verfügung stehen. In Betracht kommt allein eine *reale* Abwertung und damit nicht zuletzt eine massive Senkung der im Vergleich zur wirtschaftlichen Produktivität bisweilen deutlich überhöhten Löhne (Senkung der Lohnstückkosten).[38] Eine angesichts einer über Jahre hinweg verfehlten Lohn- und Ausgabenpolitik in einigen Krisenstaaten erforderliche Lohnkürzung um 30 % und mehr mit den damit einhergehenden Wohlstandsverlusten und Existenzängsten als „hart" zu bezeichnen erweist sich dabei geradezu als euphemistisch – die bisher lediglich partiell gewalttätigen aber gleichwohl erschreckenden Vorgänge in Griechenland machen die Auswirkungen entsprechender Maßnahmen auf die Bevölkerung mehr als deutlich. Ein grundsätzlich anderer Weg kommt innerhalb einer Währungsunion jedoch nicht in Betracht – wenngleich man über die Ausgestaltung der Krisenpolitik, die sich im Wesentlichen als „Austeritätspo-

---

[36] Verfehlt wäre es dabei die Schuld allein den Handelsbilanzdefizitländern zuzuschreiben. Vielmehr hätte auch den Überschussländern klar sein müssen, dass dieser Zustand nicht dauerhaft aufrechterhalten werden kann. Ein Gegensteuern wäre auch von deren Seite möglich gewesen, wurde aber zugunsten kurz- bis mittelfristiger wirtschaftlicher Gewinne unterlassen, die zumindest auch auf Kosten der Defizitstaaten erwirtschaftet wurden.

[37] Siehe dazu die Verordnung (EU) Nr. 1176/2011 über die Vermeidung und Korrektur makroökonomischer Ungleichgewichte (ABl. EU 2011 Nr. L 306, S. 25). Dazu auch *M. Herdegen*, Europarecht, § 23, Rn. 8.

[38] Vgl. auch *W. Streeck*, Gekaufte Zeit, S. 151, 237.

litik" darstellt sowie insbesondere den zeitlichen Rahmen ohne Zweifel streiten kann und muss.³⁹ Auch wenn die Möglichkeit monetärer Abwertungen in ihrer langfristigen Wirksamkeit nicht überschätzt werden sollte – vor allem nachhaltige wirtschaftliche Reformen können dadurch nicht aufgehoben, sondern allenfalls zeitlich begrenzt aufgeschoben werden, wie nicht zuletzt der Fall des Vereinigten Königreichs zeigt⁴⁰ – ermöglicht sie gleichwohl einen zumindest schonenderen Übergang auf dem Weg zu mehr Wettbewerbsfähigkeit und erweist sich damit für die Betroffenen zweifellos als die prinzipiell angenehmere Alternative.

Gleichwohl hat die Politik nach einem anfänglichen Zögern vergleichsweise schnell klargestellt, dass sie diesen Weg nicht gehen, sondern vielmehr entschlossen ein Auseinanderbrechen der Eurozone durch vereinzelte Austritte verhindern wird.⁴¹ Die Mitgliedstaaten und die Union griffen betroffenen Staaten daher zunächst durch an zum Teil radikale wirtschaftliche Reformen gebundene bilaterale Kredite unter die Arme und entwickelten mit der EFSF und nunmehr dem ESM neuartige (und nicht zuletzt normativ umstrittene)⁴² institutionalisierte Hilfsstruktu-

---

³⁹ Zur Kritik an der aktuellen Austeritätspolitik *P. Krugman*, How the Case for Austerity Has Crumbled, The New York Review of Books, Volume LX (2013), Number 10, S. 67 ff. Umfassend zur Entwicklung des Austeritätsgedankens *M. Blyth*, Austerity, 2013, der diese Politik im Ergebnis ebenfalls für verfehlt hält, vgl. aaO, S. 229: „Austerity doesn't work. Period." Verfehlt ist insbesondere die Heranziehung der Situation Griechenlands als Begründung für diese Politik, denn wenngleich Griechenland ohne Frage über seine Verhältnisse gelebt hat, trifft dies für die anderen krisengeschüttelten Staaten in dieser Form nicht zu, vgl. *M. Blyth*, Austerity, S. 6: „The Greeks may well have lied about their debts and deficits, as is alleged, but as we shall see in chapter 3, the Greeks are the exception, not the rule." Auch aus geschichtlicher Perspektive ist die (finanzielle) Situation in Griechenland eine besondere, vgl. *I. Zelepos*, Im Südosten nichts Neues? Ein historischer Blick auf die griechische Finanzkrise, Südosteuropa 60 (2012), 346 (347): „[…] Griechenland liefert jedoch abgesehen davon das überaus seltene Beispiel eines Staates, der schon bankrott ging, bevor er unabhängig wurde." Skeptisch daher auch *W. Streeck*, Gekaufte Zeit, S. 31.
⁴⁰ Zu positiv im Hinblick auf Abwertungen insoweit *W. Streeck*, Gekaufte Zeit, S. 246 ff. Streeck geht es bei seinem „Lob der Abwertung" (S. 246) allerdings auch vornehmlich um die Wiederherstellung bzw. Ermöglichung national eigen-artiger wirtschaftlicher Lebens- und Schicksalsgemeinschaften zur Abwehr des „Totalitarismus eines einheitlichen Marktes" (S. 247).
⁴¹ Vgl. auch *W. Streeck*, Gekaufte Zeit, S. 203 f.
⁴² Bezweifelt wird vor allem die Vereinbarkeit dieser Maßnahmen mit Art. 125 AEUV, der sogenannten „No-Bail-Out-Klausel". So etwa *U. Häde*, in: C. Calliess/ M. Ruffert, EUV/AEUV, Art. 125 AEUV, Rn. 3; *B. Kempen*, in: R. Streinz, EUV/ AEUV, Art. 125 AEUV, Rn. 4; *C. Degenhart*, Auf dem Weg zu einer quasi-föderalen Haftungs- und Transfergemeinschaft, Wirtschaftsdienst 2011, 374 (374 f.); *R. Streinz*, Europarecht, Rn. 1097 ff. Tatsächlich waren diese Maßnahmen jedoch vom EU-Recht

ren, um auf diesem Wege den Bestand der Eurozone zu sichern – eine Politik, die freilich vor allem den nationalen Parlamenten (und zwar sowohl der Geber- als auch der Empfängerstaaten) nicht immer ganz leicht zu vermitteln und daher mit einigen Unsicherheiten und Verzögerungen in der Umsetzung verbunden war. Hinter dieser im Rahmen dieser Untersuchung nicht näher zu vertiefenden oder zu bewertenden Entscheidung, stehen dabei vornehmlich politische Motive, die in dem oben zitierten und mittlerweile geradezu zum geflügelten Wort avancierten Ausspruch der Bundeskanzlerin[43] deutlich zum Ausdruck kommen. Ob sich eine solche Eurorettung auch aus ökonomischer Sicht als richtig darstellt ist heftig umstritten, erweist sich aber zumindest aus deutscher Perspektive keineswegs als unvertretbar, wie eine Studie der *Bertelsmann Stiftung* unlängst aufgezeigt hat.[44]

---

gedeckt, was auch der EuGH (im Plenum) nunmehr festgestellt hat, vgl. EuGH, Rs. C-370/12, Slg. 2012, I-0000 (Pringle) sowie ausführlich *W. Heun/A. Thiele*, Verfassungs- und europarechtliche Zulässigkeit von Eurobonds, JZ 2012, 973 (978 ff.).

[43] *W. Streeck*, Gekaufte Zeit, S. 206 bezeichnet die Aussage als eine „rätselhafte Behauptung", die von allen Parteien außer der Linken als „enthusiastisch zu unterstützende nationale Konsensformel angesehen wird."

[44] *Bertelsmann Stiftung* (Hrsg.), Vorteile Deutschlands durch die Währungsunion, 2013. Danach profitiert die deutsche Wirtschaft bei einer Beibehaltung des Euro bis zum Jahr 2025 insgesamt in Höhe von 1.2 Billionen Euro im Vergleich zu einer Wiedereinführung der DM im Jahr 2013. Durch mögliche Ausfälle einzelner im Rahmen der „Eurorettung" vergebener Kredite verringert sich dieser Betrag nur geringfügig. Zu den Kosten einer DM-Einführung wird man dabei noch die erheblichen „Übergangskosten" rechnen müssen, die in der Bertelsmann-Studie nicht berücksichtigt wurden. Siehe auch *M. Fratzscher u.a.*, Ein Plädoyer für den Euro, Süddeutsche Zeitung vom 1./2. Juni 2013, S. 26.

Davon zu unterscheiden ist die Frage, inwieweit sich die konkrete Ausgestaltung der Rettungspolitik als ökonomisch zweckmäßig erweist. Hier hat sich in den letzten Monaten gezeigt, dass die allzu strenge Austeritätspolitik möglicherweise nicht der richtige Weg war, um den betroffenen Mitgliedstaaten eine wirtschaftlich nachhaltige und zumutbare Gesundung zu ermöglichen. Tatsächlich erscheint es auch kaum angemessen, wenn die zum Teil über Jahrzehnte angehäuften Defizite nun innerhalb weniger Jahre abgebaut werden sollen, zumal ein nachhaltiger Abbau durch erhebliche wirtschaftliche Reformen begleitet werden muss. Mittlerweile scheint sich allerdings auch auf Ebene der Mitgliedstaaten und der EU die (nicht zuletzt vom IWF bereits seit einiger Zeit vertretene) Auffassung durchzusetzen, dass den betroffenen Mitgliedstaaten insoweit mehr Zeit eingeräumt werden muss und die Sparbemühungen zudem durch gezielte Investitionen ergänzt werden müssen.

B. Die neue Rolle der EZB und anderer Zentralbanken

Vor diesem Hintergrund ist es wenig verwunderlich, dass auch die Europäische Zentralbank (EZB) bemüht ist, ein Auseinanderbrechen der Eurozone zu verhindern und daher – in den Worten ihres Präsidenten *Mario Draghi* – bereit ist, „alles was nötig ist zu tun, um den Euro zu erhalten."[45] Tatsächlich hat die EZB in den letzten Jahren denn auch einige geldpolitisch eher unkonventionelle Maßnahmen ergriffen, um den bestehenden Turbulenzen entgegenzuwirken. Zu einigen dieser Maßnahmen sah sich die EZB allerdings wohl auch aufgrund des bisweilen etwas zögerlichen politischen Krisenmanagements „genötigt".[46] Für besonderes Aufsehen sorgten dabei vor allem die folgenden Aktivitäten der EZB:

– Im Jahr 2010 begann die EZB mit dem sog. „Securities Market Programme" (SMP) Staatsanleihen krisengeschüttelter Staaten endgültig zu erwerben. Das Programm wurde in den folgenden Jahren in unterschiedlichem Ausmaß fortgesetzt, um im Jahr 2012 durch die „Outright Monetary Transactions" (OMT) abgelöst zu werden. Im Rahmen der OMT sind entsprechende Ankäufe an die Beantragung eines ESM-Programms durch den betroffenen Mitgliedstaat geknüpft. Bisher ist es noch nicht zu solchen OMT gekommen. Insgesamt hielt die EZB zum 31.12.2012 jedoch Anleihen im Wert von 208,7 Mrd. Euro.[47]
– Obwohl die Anleihen krisengeschüttelter Staaten in ihrem Rating durch die drei führenden Rating-Agenturen[48] ganz erheblich gesunken waren, akzeptierte die EZB insbesondere griechische Anleihen noch bis zum 25. Juli 2012 als notenbankfähige Sicherheiten für die von ihr durchgeführten Offenmarktgeschäfte. Seit dem 31.12.2012

---

[45] EZB-Präsident *Mario Draghi* am 26.7.2012 in London.

[46] *M. A El-Erian*, The evolution of modern central banking: What happens next?, in: L. Reichlin/R. Baldwin (Hrsg.), Is Inflation Targeting Dead? Central Banking After the Crisis, S. 66 (67): „An incomplete Eurozone architecture [...], together with inadequately capitalised banks and too many politicians in denial, forced the ECB into extreme crisis management in 2012."

[47] Vgl. Pressemitteilung der EZB vom 21. Februar 2013 – Details on securities holdings acquired under the Securities Market Programme.

[48] Obwohl es weltweit weit mehr als hundert Rating-Agenturen gibt, wird der Rating-Markt im Wesentlichen von drei Rating-Agenturen dominiert, die zusammen einen Marktanteil von mehr als 90% aufweisen. Es handelt sich um die Agenturen Standard and Poor's, Moody's und Fitch. Zum Oligopolcharakter des Ratingmarktes auch *D. Bauer*, Ein Organisationsmodell für die Regulierung von Rating-Agenturen, S. 42f. Siehe auch *S. Hiß/S. Nagel*, Ratingagenturen zwischen Krise und Regulierung, S. 68ff.

B. Die neue Rolle der EZB und anderer Zentralbanken

sind griechische Anleihen erneut notenbankfähig – allerdings mit erheblichen Sicherheitsabschlägen.
- Am 21.12.2011 sowie am 29.2.2012 führte die EZB zwei „longer-term refinancing operations" (LTRO) durch und erhöhte dabei die Geldbasis um mehr als eine Billion Euro, was im Vergleich zu 2008 fast einer Verdopplung gleichkommt. Im Zusammenhang mit den LTRO wurde zudem der Mindestreservesatz von 2 % auf 1 % halbiert, wodurch die Kreditschöpfungsmöglichkeiten der Kreditinstitute erheblich ausgeweitet wurden.
- Als weitere allerdings „klassische" geldpolitische Maßnahme der Geldpolitik setzte die EZB den Leitzins seit 2007 kontinuierlich herab.[49] Die letzte Herabsetzung erfolgte im Mai 2013 auf ein „Rekordtief" von 0,5 %.[50]

---

[49] *Thomas Mayer* hat diese Politik unlängst in der Frankfurter Allgemeinen Sonntagszeitung stark kritisiert. Besondere Beachtung aus juristischer Perspektive verdient dabei die folgende Aussage: „Die Geldpolitik hat also erhebliche Auswirkungen auf die Vermögensverteilung, ohne dafür ein legitimiertes Mandat zu haben" (*T. Mayer*, Draghis Umverteilung, FAS vom 12. Mai 2013, S. 30). Bemerkenswert ist daran erstens, dass sich der Einfluss der Geldpolitik auf die Vermögensverteilung keineswegs als eine neue Erkenntnis präsentiert. Tatsächlich hat jede Zinsänderung einer Zentralbank zwangsläufig erheblichen Einfluss auch auf die Vermögensverteilung. Zinspolitik ist also niemals „neutral" wie es *Mayer* suggeriert. Die Entlassung der Zentralbank in die Unabhängigkeit erfolgte denn auch kaum aufgrund der Bedeutungslosigkeit ihrer Tätigkeit für die Vermögensverteilung im Besonderen und die gesamte Finanzwirtschaft im Allgemeinen – im Gegenteil: Die besonderen Manipulationsmöglichkeiten „politischer" Geldpolitik für diese Bereiche begründeten erst das Erfordernis der (politischen) Unabhängigkeit. Zweitens ist die Zentralbank selbstverständlich insoweit legitimiert, als sie sich innerhalb ihres geldpolitischen Mandats bewegt. Eine Mandatsüberschreitung liegt aber nicht bereits dann zwingend vor, wenn die Geldpolitik zu den von *Mayer* beschriebenen „Nebenwirkungen" führt. Auch der AEU-Vertrag enthält insoweit richtigerweise keine Vorgaben, denn: Eine Geldpolitik ohne entsprechende „Nebenwirkungen" ist letztlich unmöglich. Wenn man dies demokratietheoretisch für bedenklich hält, bleibt allein die Aufhebung der Unabhängigkeit der Zentralbank – eine Forderung, die gerade in der Ökonomie allerdings eher selten erhoben wird.

[50] Vgl. dazu auch *Deutsche Bundesbank*, Monatsbericht Mai 2013, S. 22 ff. Das niedrige Zinsniveau bereitet Anlegern dabei zunehmend Probleme. Tatsächlich fällt es mittlerweile schwer, sichere Anlagen zu finden, deren Rendite zumindest auf einem Niveau mit der Inflationsrate liegt. Diese Situation erweist sich vor allem für Lebensversicherungen als schwierig, da diese die vertraglich vereinbarten Renditen unter diesen Umständen kaum noch erwirtschaften können, vgl. Süddeutsche Zeitung vom 8/9. Mai 2013, S. 2. Zahlreiche Anleger „flüchten" daher in die Aktienmärkte – der DAX erreichte am 7. Mai 2013 mit 8182 Punkten auch den vorerst höchsten Stand aller Zeiten (unmittelbar vor Ausbruch der Finanzkrise im Juli 2007 betrug der bisher

Diese Maßnahmen der EZB wurden in der Ökonomie[51] aber auch in der Öffentlichkeit[52] heftig diskutiert.[53] Im Wesentlichen stehen sich dabei die „geldpolitischen Hardliner", deren prominentestes Mitglied wohl die Deutsche Bundesbank mit ihrem Präsidenten und EZB-Ratsmitglied *Jens Weidmann* bildet, und die sogenannten „Südländer" gegenüber, denen neben dem EZB-Präsidenten *Mario Draghi* freilich auch das deutsche Direktoriumsmitglied *Jörg Asmussen*[54] zugerechnet wird. Während die eine Seite eine Konzentration auf klassische geldpolitische Aufgabenfelder einfordert und eine „Dominanz der Fiskalpolitik"[55] befürchtet, bezweckt die andere (und aktuell die Mehrheit im EZB-Rat stellende) Seite mit den angesprochenen Maßnahmen nicht zuletzt eine Beruhigung der Märkte zur Sicherung des Zusammenhalts der Währungsunion. Dieser bisweilen (zu) offen ausgetragene Streit zwischen einzelnen Mitgliedern des EZB-Rats[56] ist insofern kaum überraschend, als die eigentliche

---

höchste Stand des DAX 8151,57 Punkte). Ob sich diese Entwicklung als nachhaltig erweist, bleibt freilich abzuwarten.

[51] Vgl. etwa *M. Fratzscher u.a.*, Ein Plädoyer für den Euro, Süddeutsche Zeitung vom 1./2. Juni 2013, S. 26.

[52] Siehe etwa die gegenläufigen Standpunkte von *A. Hagelüken* und *S. Boehringer*, „Soll die EZB den Euro retten" in der Süddeutschen Zeitung vom 13.3.2013, S. 17. Vgl. auch *M. Zydra*, Schuften, nicht drucken, Süddeutsche Zeitung vom 29./30.5.2013, S. 17. Zumindest als vorläufig richtig wird das Handeln der EZB von *U. Guérot*, Zwischen Haushalts- und Legitimationsdefizit: Zur Zukunft der europäischen Demokratie, APuZ 6–7/2013, 3 (6) eingeschätzt.

[53] Dass die EZB für ihre Politik (heftig) kritisiert wird, ist allerdings keine Seltenheit. Bisher bezog sich diese Kritik allerdings zumeist auf ihre strenge („deutsche") Antiinflationspolitik und wurde dementsprechend von Staaten wie Italien und Frankreich artikuliert (vgl. dazu etwa *H. James*, Making of the European Monetary Union, S. 393 f.). Aktuell ist es hingegen vor allem Deutschland, das sich gegen die Aufweichung dieser „harten" Politik wendet, während sie von Italien und Frankreich prinzipiell unterstützt wird. Die versuchten Einflussnahmen bestätigen aber zumindest die Bedeutung der unabhängigen Stellung der Zentralbank.

[54] Vgl. zuletzt dessen Ausführungen im Spiegel-online Interview vom 28.1.2013, „Die Zinsen in Deutschland werden steigen."

[55] *J. Weidmann*, „Wie eine Droge", Interview in Spiegel Nr. 35/2012, S. 75 (76) sowie *Deutsche Bundesbank*, Stellungnahme gegenüber dem Bundesverfassungsgericht vom 21. Dezember 2012, S. 11.

[56] Vgl. auch *C. Siedenbiedel*, Das Duell der Notenbanker, FAS vom 19. Mai 2013, S. 28. Unter dem Gesichtspunkt der „Intraorgantreue" erweist sich nicht zuletzt das Verhalten des deutschen Bundesbankpräsidenten *Jens Weidmann* auch aus rechtlicher Perspektive als bedenklich, wenn dieser sowohl in Interviews als nunmehr auch in einer schriftlichen Stellungnahme für das Bundesverfassungsgericht das Verhalten der EZB heftig kritisiert, obwohl er dieser als Ratsmitglied ja selbst angehört. Weidmann hat die kritische Position der Bundesbank auch in der mündlichen Verhandlung vor dem Bundesverfassungsgericht persönlich vorgetragen. Wenngleich er nicht verpflich-

Funktion einer Zentralbank und damit deren konkretes Aufgaben- und Maßnahmenspektrum in der Ökonomie keineswegs eindeutig geklärt ist. Was eine Zentralbank zu welchem Zeitpunkt, in welcher Form und mit welchen Mitteln tun sollte, ist ganz im Gegenteil schon außerhalb besonderer Krisen außerordentlich umstritten[57] – und seit der Finanzkrise 2008/2009 wird diese Frage (erneut) offen diskutiert. Tatsächlich steht die EZB mit ihrer gewandelten „aktiven" Rolle denn auch keineswegs allein da. Vielmehr sahen sich praktisch alle bedeutenden Zentralbanken seit dem Ausbruch der Finanzkrise vor besondere Herausforderungen gestellt, die die Entwicklung neuartiger („unorthodoxer")[58] geldpolitischer Instrumente und gewisse Modifikationen der tradierten geldpolitischen „Philosophie" nach sich zogen:[59]

– Zum einen zeigte sich, dass Preisstabilität nicht isoliert von Finanz(markt)stabilität behandelt werden kann, wie dies bisher gemeinhin angenommen wurde.[60] Zentralbanken müssen im Rahmen ihrer Tätigkeit also Fragen der Stabilität der Finanzmärkte – vor allem die Entwicklung möglicher Kreditblasen – sehr viel stärker in den Blick nehmen, als dies in der Vergangenheit der Fall war.[61] Auch die EZB hat

---

tet werden kann, die EZB-Politik aktiv zu verteidigen, wird man hinsichtlich eigener Kritik gleichwohl eine gewisse Zurückhaltung fordern müssen.

[57] Das zeigt sich insbesondere in den unterschiedlichen geldpolitischen Strategien, die die einzelnen Zentralbanken verfolgen, vgl. dazu nur den Überblick bei *E. Görgens/K. Ruckriegel/F. Seitz*, Europäische Geldpolitik, S. 115 ff. sowie unten bei der Darstellung der Strategie der EZB. Umfassend zur Entstehungsgeschichte der EZB *H. James*, Making the European Monetary Union, S. 265 ff., zur Währungsunion insgesamt *K. Dyson/K. Featherstone*, The Road to Maastricht, 1999.

[58] Vgl. *O. Issing*, A New Paradigm for Monetary Policy?, CFS Working Paper No. 2013/02, S. 3.

[59] Vgl. *L. Reichlin/R. Baldwin*, Introduction, in: L. Reichlin/R. Baldwin (Hrsg.), Is Inflation Targeting Dead? Central Banking After the Crisis, S. 10 (14 ff.); *D. Cobham*, The past, present and future of central banking, Heriot-Watt University, Preliminary Draft, April 2012, S. 1; *M. Carney*, Monetary Policy After the Fall, Eric J. Hanson Memorial Lecture, S. 3.

[60] Von einer völligen Beziehungslosigkeit wurde dabei allerdings nicht ausgegangen, was auch die Regelung des Art. 127 Abs. 5 AEUV für das ESZB belegt. Gleichwohl wurde die Aufgabe der Finanzmarktregulierung und -beaufsichtigung zumindest nicht als Kernaufgabe einer Zentralbank angesehen, vgl. *L. Reichlin/R. Baldwin*, Introduction, in: L. Reichlin/R. Baldwin (Hrsg.), Is Inflation Targeting Dead? Central Banking After the Crisis, S. 10 (14).

[61] Vgl. *M. Carney*, Monetary Policy After the Fall, Eric J. Hanson Memorial Lecture, S. 9: „The links between price and financial stability were increasingly evident." Und aaO, S. 13: „The clear lesson is that a central bank pursuing price stability without due regard for financial stability risks achieving neither." Zu den Gründen im Ein-

diesen Zusammenhang in der nach den Erfahrungen mit der Finanzkrise erschienenen Erläuterung ihrer Geldpolitik dementsprechend deutlich artikuliert.[62]
– Zum zweiten mussten die Zentralbanken feststellen, dass die durch die Finanzkrise bewirkte hohe öffentliche und private Verschuldung dazu führte, dass die mit den von ihr vorgenommenen Zinssenkungen angestrebten stimulierenden Wirkungen für die Wirtschaft weitgehend ausblieben. Das „billige Geld" wurde von den öffentlichen wie privaten Haushalten schlicht nicht nachgefragt, da diese von weiteren und zur ökonomischen Gesundung notwendigen Kreditaufnahmen absahen (sog. credit-crunch),[63] um ihre Bilanzen zu bereinigen.[64] Zur Stimulation der Wirtschaft entwickelten die Zentralbanken daher neuartige Instrumente (quantative easing/credit easing),[65] die zum Teil mit einer besonderen Festlegung hinsichtlich kommender geldpolitischer

---

zelnen siehe *C. Wyplosz*, Will Central Banking Change?, in: L. Reichlin/R. Baldwin (Hrsg.), Is Inflation Targeting Dead? Central Banking After the Crisis, S. 120 (121). Siehe auch *C. A. E. Goodhart*, Central Banks' function to maintain financial stability: an uncompleted task, in: C. A. E. Goodhart, The Regulatory Response to the Financial Crisis, S. 34 ff. sowie *M. King*, Twenty Years of inflation targeting, The Stamp Memorial Lecture, S. 6 ff.

[62] *EZB*, Die Geldpolitik der EZB, S. 91.

[63] Vgl. *G. Akerlof/R. Shiller*, Animal Spirits, S. 86: „The overwhelming threat to the current economy is the credit crunch. It will be difficult and perhaps even impossible to achieve the goal of full employment if credit falls considerably below its normal levels."

[64] *L. Reichlin/R. Baldwin*, Introduction, in: L. Reichlin/R. Baldwin (Hrsg.), Is Inflation Targeting Dead? Central Banking After the Crisis, S. 10 (15 f.). Es handelt sich insoweit um eine „Balance-Sheet-Recession", vgl. dazu *R. C. Koo*, It Is Private, Not Public Finances that Are Out of Wrack, Nomura Research Institute, November 15, 2012 sowie ausführlich *R. C. Koo*, The Holy Grail of Macroeconomics: Lessons from Japan's great Recession, 2009.

[65] Vgl. speziell zum Vorgehen der amerikanischen Fed *G. Akerlof/R. Shiller*, Animal Spirits, S. 90 ff. Siehe auch die Tabelle bei *M. Carney*, Monetary Policy After the Fall, Eric J. Hanson Memorial Lecture, S. 14 zu den von den Zentralbanken gehaltenen Wertpapieren. Zum bisher umstrittenen Erfolg dieser Maßnahmen siehe *M. Stone/K. Fujita/K. Ishi*, Should Unconventional Balance Sheet Policies be Added to the Central Bank Toolkit? A Review on the Experience So Far, IMF Working Paper 11/145, June 2011; *B. Bernanke*, Monetary Policy Since the Onset of the Crisis, speech at the Federal Reserve Bank of Kansas City Economic Symposium, August 2012 sowie *M. Joyce/M. Tong/R. Woods*, The United Kongdom's Quantitative Easing Policy: Design, Operation and Impact, Bank of England Quarterly Bulletin (Q3 2011), S. 200 ff. Skeptisch auch *C. Martin/C. Milas*, Quantitative easing: a sceptical survey, Oxford Review of Economic Policy 28 (2012), 750 ff.

B. Die neue Rolle der EZB und anderer Zentralbanken

Schritte verbunden wurden („forward guidance"), um (Erwartungs-)Unsicherheiten auf Seiten der Marktteilnehmer zu verhindern.[66]
– Ein spezielles Problem der Eurozone war darüber hinaus, dass im Zusammenhang mit der Eurokrise die geldpolitischen Transmissionswege faktisch zusammenbrachen. Während geldpolitische Zinsentscheidungen ansonsten einheitlich innerhalb des gesamten Eurogebietes weitergegeben wurden, kam es plötzlich zu einer Fragmentierung entlang nationaler Grenzen: „A single policy rate set in Frankfurt translates into different costs of borrowing across the Eurozone."[67] Das wiederum stellte eine erhebliche Herausforderung für die EZB dar, denn: „How can a monetary authority credibly commit to keeping inflation stable when its policy rate is transmitted differently across the currency area?"[68] Die Antwort der EZB war nicht zuletzt die Entwicklung der oben angesprochenen SMP- und OMT-Programme.

Man wird insofern sagen können, dass sich die Rolle der Zentralbanken seit der Finanzkrise deutlich gewandelt hat.[69] Agierten sie – von einigen Ausnahmen abgesehen[70] – bisher eher im Hintergrund, spielen sie im politischen Geschehen mittlerweile auch aus der Perspektive der interessierten Öffentlichkeit eine sehr viel gewichtigere bisweilen sogar gestaltende Rolle.[71] Waren die Namen des Präsidenten der EZB, der Federal Reserve

---

[66] Vgl. O. *Issing*, A New Paradigm for Monetary Policy?, CFS Working Paper No. 2013/02, S. 6 ff. sowie M. *Carney*, Monetary Policy After the Fall, Eric J. Hanson Memorial Lecture, S. 15 ff.

[67] L. *Reichlin*/R. *Baldwin*, Introduction, in: L. Reichlin/R. Baldwin (Hrsg.), Is Inflation Targeting Dead? Central Banking After the Crisis, S. 10 (16). Siehe auch S. G. *Park*, Central Banks Quasi-Fiscal Policies and Inflation, IMF Working Paper 12/14, January 2012, 3 ff. sowie *EZB*, Stellungnahme zu den Verfassungsbeschwerden 2 BvR 1390/12 u.a., S. 23.

[68] L. *Reichlin*/R. *Baldwin*, Introduction, in: L. Reichlin/R. Baldwin (Hrsg.), Is Inflation Targeting Dead? Central Banking After the Crisis, S. 10 (17).

[69] Vgl. auch die Aussage von M. *Stone*/K. *Fujita*/K. *Ishi*, Should Unconventional Balance Sheet Policies be Added to the Central Bank Toolkit? A Review on the Experience So Far, IMF Working Paper 11/145, June 2011, Rn. 103: „The adoption of these policies probably marks one of the most radical and rapid shifts in policy in recent central bank history."

[70] Insbesondere die amerikanische Fed spielte in der öffentlichen Wahrnehmung in den letzten Jahrzehnten eine größere Rolle, was sicherlich auch mit ihrem ehemaligen Präsidenten *Alan Greenspan* zusammenhing.

[71] C. *Herrmann*, Die Bewältigung der Euro-Staatsschulden-Krise an den Grenzen des deutschen und europäischen Währungsverfassungsrechts, EuZW 2012, 805 (809). M. A *El-Erian*, The evolution of modern central banking: What happens next?, in: L. Reichlin/R. Baldwin (Hrsg.), Is Inflation Targeting Dead? Central Banking After the Crisis, S. 66 (68) spricht im Hinblick auf die Tätigkeit der Zentralbanken

(Fed) oder der Bundesbank noch vor wenigen Jahren allenfalls Experten ein Begriff, gibt es heute kaum noch einen Zeitungsleser, der mit den Namen *Mario Draghi*, *Ben Bernanke* oder *Jens Weidmann* nichts anzufangen vermag.[72] Ob sich diese neue Rolle, die die Zentralbanken nolens volens übernommen haben, mittel- bis langfristig vor dem Hintergrund ihrer eigentlichen Kernaufgaben und möglicher Vertrauensverluste bewährt, bleibt freilich abzuwarten.[73] Auch angesichts der aktuellen Inflationsraten wird man zumindest bisher allerdings kaum davon sprechen können, dass diese „neue Geldpolitik" gescheitert wäre.

C. Die Rolle des Rechts – das normative Mandat der EZB

Für die Tätigkeit gerade der EZB spielt diese vornehmlich ökonomisch zu beantwortende Frage freilich noch aus einem anderen Grund eine Rolle. Denn anders als dies bei vielen anderen Zentralbanken der Fall ist,[74] ist ihr in den europäischen Verträgen ein vergleichsweise präzises normatives Mandat zugewiesen worden.[75] Ihr vorrangiges Ziel ist nach Art. 127 Abs. 1 S. 1 AEUV demnach die Gewährleistung der Preisstabilität. Wenngleich noch weitere Aufgaben hinzutreten – nicht zuletzt die Unterstützung der allgemeinen Wirtschaftspolitik in der Union – darf

---

insgesamt von „[a]ggressive use of balance sheets to change market-pricing relations, correlations and, therefore, the behaviour of commercially oriented investors." Siehe auch *M. Carney*, Monetary Policy After the Fall, Eric J. Hanson Memorial Lecture, S. 4: „[...] globally, central banks are being asked to do more, in more ways, than ever before."

[72] Symptomatisch dafür steht etwa auch eine unlängst erschienene populärwissenschaftliche Biographie bedeutender Zentralbanker der letzten Jahre: *N. Irwin*, Alchemists, 2013. Biographisch beleuchtet werden darin *Jean-Claude Trichet* (EZB), *Ben Bernanke* (Fed) sowie *Mervyn King* (Bank of England). Zu diesem Buch auch *P. Krugman*, How the Case for Austerity Has Crumbled, The New York Review of Books, Volume LX (2013), Number 10, S. 67 ff.

[73] Siehe auch *M. A El-Erian*, The evolution of modern central banking: What happens next?, in: L. Reichlin/R. Baldwin (Hrsg.), Is Inflation Targeting Dead? Central Banking After the Crisis, S. 66 (71): „We are nearing a critical juncture for modern central banking. How it evolves is central to our children's generation not ending up worse off than their parents."

[74] Vgl. auch *S. Fischer*, Modern central banking, in: F. Capie/C. Goodhart/S. Fischer/N. Schnadt, The Future of Central Banking, S. 262 (262 f.).

[75] Da es sich bei der EZB um ein Organ der supranationalen Union handelt, war eine solche eindeutige Zuweisung nach dem Prinzip der begrenzten Einzelermächtigung zwingend erforderlich.

dieses vorrangige Ziel des ESZB durch keine Maßnahme der EZB gefährdet werden. Darüber hinaus werden der EZB zumindest bestimmte Handlungen ausdrücklich untersagt – etwa der unmittelbare Erwerb von Staatsanleihen (Art. 123 Abs. 1 AEUV). Zudem wird ihre unabhängige Stellung in Art. 130 und Art. 282 Abs. 3 AEUV betont und garantiert. Losgelöst von ihrer ökonomischen Zweckmäßigkeit müssen sich dementsprechend auch die von der EZB im Rahmen der Eurokrise ergriffenen (unkonventionellen) Maßnahmen an diesen normativen Vorgaben messen lassen. Sind sie mit diesen nicht (mehr) vereinbar, erweisen sie sich also als rechtswidrig und müssten dann – bis zu einer formellen Änderung des europäischen Primärrechts – zumindest für die Zukunft unterbleiben. Eine Strategieänderung ist angesichts dieses „normativen Korsetts" dadurch bei der EZB sehr viel schwerer umsetzbar als dies bei anderen Zentralbanken mit „weicheren" Mandaten der Fall ist. Dass die ökonomische Kritik daher zunehmend durch juristische Argumente untermauert wird, die eben die Überschreitung des rechtlichen Mandats der EZB belegen sollen, kann vor diesem Hintergrund kaum überraschen.[76] Diese normative Kritik selbst wird allerdings in den meisten Fällen nur äußerst pauschal geäußert,[77] erschöpft sich nicht selten in bloßen Behauptungen[78]

---

[76] *J. Weidmann*, „Wie eine Droge", Interview in Spiegel Nr. 35/2012, S. 75 (77) zog es bisher allerdings ausdrücklich vor, ökonomisch zu argumentieren. Das hat sich indes (leider) spätestens mit der Stellungnahme der Deutschen Bundesbank im ESM-Hauptsacheverfahren vor dem Bundesverfassungsgericht geändert, vgl. *Deutsche Bundesbank*, Stellungnahme gegenüber dem Bundesverfassungsgericht vom 21. Dezember 2012.

[77] Vgl. etwa *M. Seidel*, Der Ankauf nicht markt- und börsengängiger Staatsanleihen, namentlich Griechenlands, durch die Europäische Zentralbank und durch nationale Zentralbanken – rechtlich fragwürdig oder Rechtsverstoß?, EuZW 2010, 521. Ähnlich *W. Frenz/C. Ehlenz*, Europäische Wirtschaftspolitik nach Lissabon, GewArch 2010, 329 (334); *H. H. Klein*, Überfordert, FAZ vom 31. Mai 2013, S. 7. Zu Recht vorsichtiger hingegen *R. Bieber/A. Epiney/M. Haag*, Die Europäische Union, § 21, Rn. 27.

[78] So etwa *R. Vaubel*, Der Gerichtshof als Agent der Zentralisierung, FAZ vom 14.01.2013, S. 18, der neben dem Verstoß gegen Art. 123 AEUV sechs weitere Rechtsbrüche auflistet und zum Beleg auf „juristische Experten" verweist, die all diese Rechtsbrüche moniert hätten. Dass die einzelnen Punkte höchst umstritten sind, wird indes verschwiegen, der Rechtsbruch also als unwiderlegbare Tatsache dargestellt. Ähnlich schlicht auch *W. Streeck*, Was nun, Europa?, Blätter für deutsche und internationale Politik, 2013, 58 (59), der zunächst von „rechtsverdreherischer Gesetzesumgehung" spricht und in der dazugehörigen Fußnote sogar meint: „Vertrauensbildung durch Rechtsbeugung (sic!) ist kaum eine längerfristig aussichtsreiche Strategie." Nunmehr auch *ders.*, Gekaufte Zeit, S. 227 – ein Werk, dessen Thesen zur „Entdemokratisierung des Kapitalismus vermittels Entökonomisierung der Demokratie" (aaO, S. 28) im Übrigen an vielen Stellen überzeugen können.

oder wird mit letztlich kaum mehr nachvollziehbaren bzw. vertretbaren Begründungen und Folgerungen verknüpft.[79] Nicht selten wird das „klar rechtswidrige" Verhalten der EZB anschließend sogleich als weiterer Beleg für die allgemein schwindende Rechtstreue der europäischen Akteure, aber auch der Mitgliedstaaten bei der Bewältigung der Eurokrise angesehen[80] und ein Abgesang auf die Union als Rechtsgemeinschaft angestimmt.[81]

Eine ausführliche Auseinandersetzung mit den allgemeinen rechtlichen Vorgaben, denen die EZB bei ihrem Handeln zu entsprechen hat – unter Berücksichtigung möglicher gerichtlicher Kontrolle entzogener Handlungs- und Beurteilungsspielräume – und eine darauf aufbauende Untersuchung der einzelnen von der EZB ergriffenen Maßnahmen findet sich bisher hingegen kaum.[82] Sie soll im Folgenden geleistet werden und gliedert sich in zwei Hauptteile. Zunächst sollen das allgemeine Mandat

---

[79] So nicht zuletzt *H.-W. Forkel*, Euro-Rettung, Demokratie und Rechtsstaat, ZRP 2012, 240 ff. Auch der Verstoß der Mitgliedstaaten gegen die zum Teil als „No-Bail-Out-Klausel" bezeichnete Regelung des Art. 125 Abs. 1 AEUV wurde zumindest in der Öffentlichkeit praktisch nicht mehr hinterfragt und als offenkundig akzeptiert. Tatsächlich konnten die Argumente, die einen solchen Verstoß stützen sollten hingegen zu keinem Zeitpunkt überzeugen, vgl. *W. Heun/A. Thiele*, Verfassungs- und europarechtliche Zulässigkeit von Eurobonds, JZ 2012, 973 (978 ff.) sowie *A. de Gregorio Merino*, Legal Developments in the Economic and Monetary Union during the Debt Crisis: The Mechanisms of Financial Assistance, CMLRev 49 (2012), 1613 (1625 ff.) und knapp *A. Thiele*, Europarecht, S. 298. Auch der EuGH hat mittlerweile (als Plenum aller 27 Richterinnen und Richter) festgestellt, dass kein Verstoß vorlag, siehe EuGH Rs. C-370/12, Slg. 2012, I-0000 (*Pringle*). Dazu auch *C. Herrmann*, Die Mitgliedstaaten dürfen einander eben doch Kredite geben, abrufbar unter www.lto.de, sowie die Anmerkung von *A. Glaser*, DVBl. 2013, 167 (167 ff.).
[80] Siehe etwa die nicht näher dargelegten Andeutungen bei *H. Kube*, Die Zukunft der Europäischen Union – Kooperation oder Abgrenzung?, EuZW 2013, 281 (282). Ähnlich auch *C. Gröpl*, Schritte zur Europäisierung des Haushaltsrechts, Der Staat 52 (2013), 1 (5 f.): „Und selbst wo dies der Fall ist, schreckten die nationalen Politiker der Mitgliedstaaten nicht davor zurück, das einschlägige Recht zu brechen."
[81] Zutreffend die Aussage von *C. Herrmann*, EZB-Programm für die Kapitalmärkte verstößt nicht gegen die Verträge – Erwiderung auf Martin Seidel, EuZW 2010, 521, EuZW 2010, 645 (645): „Das Brandmarken der von den Organen der Europäischen Union sowie den Mitgliedstaaten der Eurozone getroffenen Maßnahmen zur Vermeidung eines Zahlungsausfalls Griechenlands sowie zur Stabilisierung des Euro als ‚klarer Rechtsbruch' hat derzeit Konjunktur."
[82] Zu erwähnen sind insoweit allerdings *C. Herrmann*, Die Bewältigung der Euro-Staatsschulden-Krise an den Grenzen des deutschen und europäischen Währungsverfassungsrechts, EuZW 2012, 805 ff. sowie insbesondere *H. Siekmann*, Missachtung rechtlicher Vorgaben des AEUV durch die Mitgliedstaaten und die EZB in der Schuldenkrise, Institute for Monetary and Financial Stability, Working Paper Series No. 65 (2012).

der EZB, deren geldpolitische Instrumente und Handlungsweise sowie deren institutionelle Stellung näher beleuchtet werden (Kapitel 2). Anschließend werden dann die einzelnen von der EZB ergriffenen Maßnahmen unter Berücksichtigung der in Kapitel 2 erarbeiten Grundsätze einer normativen Bewertung unterzogen (Kapitel 3). Die Ergebnisse können dabei bereits an dieser Stelle in den folgenden Thesen zusammengefasst werden:

– Aus normativer Perspektive zeigt sich zunächst, dass das europäische Primärrecht die Tätigkeit der EZB richtigerweise nicht durch schlichte Konditionalsätze im Sinne eines „Wenn-Dann-Schemas" einzuhegen versucht. Entsprechende Regelungen wären zwar möglicherweise einer einfacheren (gerichtlichen) Kontrolle zugänglich, erwiesen sich aber für die Tätigkeit einer Zentralbank als wenig zweckmäßig. Der finale Charakter des geldpolitischen Mandats – Gewährleistung der Preisstabilität und Unterstützung der Wirtschaftspolitik – verbunden mit der Schwierigkeit die Auswirkungen geldpolitischer Impulse auf das Preisniveau aber auch die wirtschaftliche Entwicklung insgesamt belastbar vorherzusagen sowie die Notwendigkeit auf unvorhergesehene Ereignisse flexibel reagieren zu können, begründen vielmehr die Notwendigkeit vergleichsweise weiter normativer Beurteilungsspielräume auf Seiten der Zentralbank beim Einsatz der aus ihrer Perspektive richtigen geldpolitischen Instrumente. Damit verbunden ist allerdings zugleich eine sehr zurückgenommene (gerichtliche) Kontrolle der von der EZB ergriffenen Maßnahmen. Ein solcher Zustand ist für Zentralbanken freilich generell keine Seltenheit und sollte demnach auch für die EZB nicht vorschnell als negativ bewertet werden.
– Bei der Untersuchung der einzelnen Maßnahmen anhand dieser Grundsätze zeigt sich, dass ein Großteil der an der EZB geäußerten Kritik normativ nicht oder nur schwer haltbar ist. Ein Verstoß gegen normative Vorgaben des europäischen Primärrechts erweist sich jedenfalls in keinem der untersuchten Fälle als offenkundig und über jeden Zweifel erhaben – ein Eindruck, der in der Öffentlichkeit indes gerne vermittelt wurde und weiterhin vermittelt wird. Über die ökonomische Zweckmäßigkeit der Maßnahmen ist damit – und das sei an dieser Stelle gleichfalls betont – noch kein Urteil gefallen. Hier darf und soll also weiterhin (auch öffentlich) gestritten werden.

Die Untersuchung endet schließlich mit einer kurzen Zusammenfassung der wesentlichen Untersuchungsergebnisse und einem knappen Ausblick verbunden mit der Mahnung mit dem Brandmarken politischer Entscheidungen als „klar rechtswidrig" maßvoll umzugehen und das Recht nicht vorschnell für die Durchsetzung partikularer Interessen zu missbrauchen (Kapitel 4).

Kapitel 2

Mandat, Instrumente und Stellung der EZB

> "Being ignorant of the methods and purpose
> of central banks is a forgivable sin;
> even the central bankers themselves disagree on what
> they are trying to achieve and how they should go about it."
> *George Cooper*[1]

A. Das Mandat der EZB

In Art. 127 Abs. 1 AEUV werden die Aufgaben und Ziele des Europäischen Systems der Zentralbanken (ESZB) und damit auch der EZB normativ verbindlich festgelegt.[2] Aus dieser Norm lassen sich dabei zwei Kernaufgaben der EZB ermitteln, die indes in einem normativen Rangverhältnis zueinander stehen: Vorrangiges Ziel des ESZB ist es danach, die Preisstabilität zu gewährleisten (I). Nur soweit dies ohne Beeinträchtigung dieses vorrangigen Ziels möglich ist, unterstützt das ESZB die allgemeine Wirtschaftspolitik in der Union, um zur Verwirklichung der in Art. 3 EUV festgelegten Ziele der Union beizutragen (II).

---

[1] *G. Cooper*, The Origin of Financial Crisis, S. 22.
[2] Angesichts der in der Ökonomie vorherrschenden Unsicherheiten im Hinblick auf die Aufgaben einer Zentralbank, erweist sich eine solche verbindliche und abschließende Aufgabenzuweisung in den nur schwer zu modifizierenden Unionsverträgen (also quasi in der „Verfassung" selbst) als überraschend. Immerhin wird eine Reaktion auf neue ökonomische Erkenntnisse und Notwendigkeiten dadurch nicht ganz unwesentlich erschwert. Auch das Grundgesetz bestimmte in Art. 88 GG in seiner ursprünglichen Fassung daher allein, dass der Bund eine Zentralbank errichtet, überließ die konkrete Aufgabenzuweisung (ebenso wie die institutionelle Stellung) jedoch dem einfachen Gesetzgeber. Art. 88 S. 2 GG, der nunmehr ebenfalls das Ziel der Preisstabilität nennt, wurde erst im Zusammenhang mit der Wirtschafts- und Währungsunion in das Grundgesetz aufgenommen. Aus europarechtlicher Perspektive erweist sich die Zuweisung in den Verträgen selbst freilich schon aufgrund des Prinzips der begrenzten Einzelermächtigung (dazu nur *A. Thiele*, Europarecht, S. 134 ff.) als zwingend.

I. Das vorrangige Ziel: Sicherung der Preisstabilität

1. Bedeutung der Preisstabilität in einer marktwirtschaftlichen Volkswirtschaft

Nach Art. 127 Abs. 1 S. 1 AEUV ist es das vorrangige Ziel des Europäischen Systems der Zentralbanken (ESZB), die Preisstabilität zu gewährleisten. Dieser besondere Auftrag wird in Art. 282 Abs. 2 AEUV noch einmal wiederholt und findet sich auch in der – ebenfalls zum Primärrecht gehörenden[3] – Satzung des ESZB und der Europäischen Zentralbank (EZB)[4] in dessen Art. 2. Die Gewährleistung stabiler Preise wird dabei zu Recht als wesentliche Funktionsbedingung einer marktwirtschaftlichen Volkswirtschaft angesehen, da sich eine effiziente Ressourcenallokation im Ergebnis nur verwirklichen lässt, wenn sich in den Preisen ausschließlich relative Knappheiten widerspiegeln und diese nicht durch sonstige, marktexterne Faktoren beeinflusst werden.[5] Neben weiteren Nachteilen für das volkswirtschaftliche Wachstum, die mit einem inflationären aber auch einem deflationären Umfeld regelmäßig verknüpft sind,[6] ist gerade nach den Erfahrungen mit der Finanzkrise 2007/2008 und der anschließenden Staatsschuldenkrise zu betonen, dass darüber hinaus ein Zusammenhang zwischen der Preisstabilität und der Stabilität der Finanzmärkte insgesamt besteht: „Finanzstabilität setzt Preisstabilität voraus. […] Zugleich unterstützt die Finanzstabilität […] die Zentralbank bei der Förderung der Preisstabilität."[7] Wenngleich der EZB bisher kein besonderes Mandat zur Sicherstellung der Funktionsfähigkeit der Finanzmärkte insgesamt zugewiesen worden ist[8] – im Zuge der

---

[3] Die Satzung des ESZB und der EZB genießt als Protokoll gemäß Art. 51 EU Primärrechtsstatus.

[4] Protokoll (Nr. 4) über die Satzung des Europäischen Systems der Zentralbanken und der Europäischen Zentralbank, ABl. EU vom 30.3.2010 Nr. C 83/230.

[5] *E. Görgens/K. Ruckriegel/F. Seitz*, Europäische Geldpolitik, S. 112 f.

[6] Die EZB führt insgesamt sieben Gründe an, die für eine Sicherung der Preisstabilität sprechen, vgl. *EZB*, Die Geldpolitik der EZB, S. 60 ff.

[7] *EZB*, Die Geldpolitik der EZB, S. 91. Vgl. auch *C. Borio*, Central banking post-crisis: What compass for uncharted waters?, BIS Working Papers No 353, September 2011, S. 4 f. zum Einfluss der Geldpolitik auf die Finanzmarktstabilität sowie *G. Cooper*, The Origin of Financial Crises, S. 86 ff. zu den damit auftretenden potenziellen Interessenkonflikten. Ein ähnlicher Zusammenhang besteht insoweit auch zwischen solider Finanzpolitik und Preisstabilität, vgl. *J. Weidmann*, Solide Staatsfinanzen für eine stabile Währungsunion, Rede beim Institute for Law and Finance, gehalten am 12.12.2012: „Ein näherer Blick zeigt jedoch, dass die Geldpolitik bei der Sicherung der Preisstabilität auf die Finanzpolitik angewiesen ist. Ufert die Staatsschuld aus, steigen letztlich auch die Preise."

[8] Allerdings ist seit dem 1.1.2011 das European Systemic Risk Board (ESRB) bei

Errichtung einer Bankenunion soll sich dies voraussichtlich zum Herbst 2014 ändern[9] – sieht die EZB die Finanzstabilität daher zumindest als langfristiges geldpolitisches Ziel, was sich nicht zuletzt darin äußert, dass sie im Rahmen ihrer geldpolitischen Strategie auch die Vermögenspreisentwicklung berücksichtigt.[10] Auch Art. 127 Abs. 5 AEUV sieht insoweit ausdrücklich vor, dass das ESZB zur reibungslosen Durchführung der von den zuständigen Behörden auf dem Gebiet der Stabilität des Finanzsystems ergriffenen Maßnahmen beiträgt. Eine insbesondere seit der Finanzkrise von zahlreichen Zentralbanken angestrebte verstärkte Integration stabilitätspolitischer Erwägungen in das Mandat zur Gewährleistung der Preisstabilität erweist sich für die EZB normativ insofern als unproblematisch.

Dass die Sicherung der Preisstabilität eine der Kernaufgaben einer jeden Zentralbank sein muss, wird angesichts dieser Zusammenhänge auch von praktisch keiner Seite und vor allem von keiner Zentralbank mehr ernsthaft bestritten.[11] Auseinander gehen die Meinungen jedoch im Hinblick auf die Frage, ob und inwieweit sich die Tätigkeit einer Zentralbank in der Sicherung der Preisstabilität erschöpfen sollte, oder ob diese nicht

---

der EZB angesiedelt, dem die „Makroaufsicht über das Finanzsystem" zugewiesen ist. Das ESRB, dessen Errichtung im Zusammenhang mit der Finanzkrise 2007/2008 steht, kommen allerdings keine verbindlichen Handlungsbefugnisse zu, vgl. dazu VO (EU) Nr. 1092/2010 vom 24. November 2010 über die Finanzaufsicht der Europäischen Union auf Makroebene und zur Errichtung eines Europäischen Ausschusses für Systemrisiken, ABl. EU Nr. L 331 vom 15.12.2010, S. 1 ff. Ausführlich auch *N. Kohtamäki*, Die Reform der Bankenaufsicht in der Europäischen Union, passim. Speziell zum European Systemic Risk Board (ESRB) *A.-K. Kaufhold*, Systemaufsicht, Die Verwaltung 46 (2013), 21 ff.

[9] Kritisch zu den geplanten Änderungen *A. Thiele*, EU-Konzept für eine Bankenunion: Europa braucht keine Mega-EZB, abrufbar unter www.lto.de.

[10] *EZB*, Die Geldpolitik der EZB, S. 93.

[11] Vgl. *C. A. E. Goodhart*, Central Banks' function to maintain financial stability: an uncompleted task, in: C. A. E. Goodhart, The Regulatory Response to the Financial Crisis, S. 34 ff. ("first core purpose"); *F. Capie/C. Goodhart/S. Fischer/N. Schnadt*, The development of central banking, in: F. Capie/C. Goodhart/S. Fischer/N. Schnadt, The Future of Central Banking, S. 1 (81); *N. Ferguson*, The Ascent of Money, S. 116; *K. Dyson/K. Featherstone*, The Road to Maastricht, S. 752; *L. Jácome/M. Matamoros-Indorf/M. Sharma/S. Townsend*, Central Bank Credit to the Government: What Can We Learn from international Practices?, IMF Working Paper 12/16, January 2012, S. 3; *H.-P. Spahn*, Geldpolitik, S. 181 ("natürliche[s] Ziel"). Siehe auch *A. Ahsan/M. Skully/J. Wickramanayake*, Determinants of Central Bank Independence and Governance: Problems and Policy Implications, JOAAG Vol. 1 (2006), No. 1, S. 47 (59): „The most important or the only desired objective of any central bank is the price stability." Zur historischen Entwicklung *D. Cobham*, The past, present and future of central banking, Heriot-Watt University, Preliminary Draft, April 2012, S. 1 ff.

zugleich weitere Ziele, wie ein ausgewogenes Wirtschaftswachstum, eine hohe Beschäftigungsquote, oder – nicht erst seit der Finanzkrise[12] – Finanzmarktstabilität gleichberechtigt verfolgen sollte. Bisweilen werden der Zentralbank (etwa der amerikanischen Federal Reserve)[13] entsprechende Aufgaben auch ausdrücklich zugewiesen.[14] Nicht selten nimmt die Zentralbank zudem eine bedeutende Stellung im Rahmen des jeweiligen Finanzaufsichtskonzepts ein, entweder als selbstständige Aufsichtsbehörde oder zumindest als enger Kooperationspartner anderer Finanzaufsichtsbehörden.[15] Ob sich eine solche erweiterte Aufgabenzuweisung bzw. -wahrnehmung – vor allem aufgrund möglicher Ziel- und Interessenkonflikte innerhalb der Zentralbank – allerdings als zweckmäßig erweist, ist in der ökonomischen Literatur umstritten. Auch die geplante Ansiedlung der europäischen Aufsichtskompetenzen unter dem Dach der EZB im Rahmen der Bankenunion wird dementsprechend zum Teil sehr kritisch gesehen.[16] Für die geldpolitische Tätigkeit der EZB spielt dieser Streit freilich vor dem Hintergrund der eindeutigen normativen Regelung[17] und damit auch hinsichtlich der an dieser Stelle angestrebten Bewertung der im Zuge der Staatsschuldenkrise 2010/2011 von der EZB ergriffenen Maßnahmen zunächst einmal keine Rolle.[18] Hinsichtlich dieses eindeutigen vorrangigen geldpolitischen Ziels erweist sich der eingangs

---

[12] Vgl. auch *M. Carney*, Monetary Policy After the Fall, Eric J. Hanson Memorial Lecture, S. 3: „The goals of monetary policy are being called into question: Is price stability enough?"

[13] Zur Entwicklung und Geschichte der amerikanischen Zentralbank ausführlich *A. H. Meltzer*, A History of the Federal Reserve, Volume I 2003, Volume II/1 2009, Volume II/2 2009.

[14] Vgl. zu dieser „Mehrzielorientierung" der amerikanischen Zentralbank *W. Heun*, Die Zentralbank in den USA – das Federal Reserve System, Staatswissenschaften und Staatspraxis 9 (1998), 241 (251 f.) sowie *E. Görgens/K. Ruckriegel/F. Seitz*, Europäische Geldpolitik, S. 82 f.

[15] Dazu ausführlich *A. Thiele*, Finanzaufsicht, i.E.

[16] Siehe etwa *A. Thiele*, EU-Konzept für eine Bankenunion: Europa braucht keine Mega-EZB, abrufbar unter www.lto.de.

[17] Vgl. auch *M. Herdegen*, Price Stability and Budgetary Restraints in the Economic and Monetary Union: The Law as Guardian of Economic Wisdom, CMLRev 38 (1998), 9 (15): „unprecedented clarity".

[18] Im Zuge der Errichtung der Bankenunion ist allerdings geplant, die EZB als zentrale europäische Finanzaufsichtsbehörde zu installieren. Das erweist sich angesichts der bestehenden europäischen Aufsichtsstrukturen und möglicher Interessenkonflikte als verfehlt. Allgemein dazu siehe *C. Goodhart/D. Schoenmaker*, Should the Functions of Monetary Policy and Banking Supervision be separated?, Oxford Economic Paper 47 (1995), 539 ff. sowie *K. Ueda/F. Valencia*, Central Bank Independence and Macro-prudential Regulation, IMF Working Paper 12/101, April 2012.

zitierte Ausspruch *George Coopers* somit zumindest für die EZB (allerdings keineswegs für zahlreiche andere Zentralbanken) als unzutreffend.

2. Begriff der Preisstabilität und Beurteilungsspielraum der EZB

Mit der Zuweisung der Aufgabe der Sicherung der Preisstabilität ist allerdings noch nicht geklärt, was unter Preisstabilität im Sinne des Art. 127 Abs. 1 AEUV zu verstehen ist.[19] Aus normativer Perspektive handelt es sich vielmehr um einen „klassischen" unbestimmten Rechtsbegriff, der damit zwingend einer weiteren Konkretisierung bedarf.[20] Normativ verbindliche Konkretisierungen sucht man im europäischen Primärrecht allerdings vergeblich: Der Begriff wird weder innerhalb des AEU-Vertrages noch in der Satzung der EZB näher erläutert. Und auch in der Ökonomie findet sich insoweit kein allgemeingültiges und abschließendes Begriffsverständnis, welches ohne Weiteres in den Art. 127 Abs. 1 AEUV hineingelesen werden könnte. Immerhin erlaubt der Rückgriff auf den ökonomischen Diskurs aber eine gewisse Annäherung daran, wie der Begriff der Preisstabilität zu interpretieren ist; dass Art. 127 Abs. 1 AEUV jedenfalls kein gänzlich vom ökonomischen Diskurs gelöstes Begriffsverständnis zu Grunde liegt, wird man kaum bestreiten können.

Aus diesen Überlegungen folgt erstens, dass es bei der Sicherung der Preisstabilität nicht darum gehen kann, sämtliche absoluten oder relativen Einzelpreise auf dem bestehenden Niveau zu stabilisieren bzw. einzufrieren. Veränderungen der Einzelpreise sind einer Marktwirtschaft vielmehr immanent, zeigen Produktknappheiten an und tragen auf die-

---

[19] Richtig insoweit der Hinweis von *D. Begg*, The Design of EMU, IMF Working Paper 97/99, August 1997, S. 15: „To make this operational, the ECB needs to have an idea of what price stability means, over what period it is to be achieved, with what precision it should be achieved, and whether its performance will be evaluated by intermediate or final outcome." Siehe auch *C. Gaitanides*, Das Recht der Europäischen Zentralbank, S. 16.

[20] Vgl. auch *M. Potacs*, in: J. Schwarze, EU-Kommentar, Art. 127 AEUV, Rn. 3. Das Eurosystem folgt insofern dem Rogoff'schen Ansatz, wo lediglich das Ziel der Preisstabilität vorgegeben ist, das Inflationsziel als solches aber durch die Zentralbank selbst näher bestimmt werden kann (vgl. *K. Rogoff*, The Optimal Degree of Commitment to an Intermediate Monetary Target, Quarterly Journal of Economics, Vol. 100 (1985), 1169 ff.). Im Walsh'schen Ansatz hingegen wird auch das konkrete Inflationsziel durch die Regierung in einem Vertrag mit dem Vorstand der Zentralbank vorgegeben. Die Bezahlung der Zentralbanker wird dann unter anderem an die Erreichung dieses Inflationsziels geknüpft (siehe *C. E. Walsh*, Optimal Contracts for Central Bankers, American Economic Review, Vol. 85 (1995), 150 ff.).

sem Wege zu einer optimalen Ressourcenallokation bei.[21] Solche Preisbewegungen mit der Geldpolitik verhindern zu wollen, wäre mit marktwirtschaftlichen Grundsätzen also schwerlich vereinbar. Richtigerweise kann es insoweit also allein darum gehen, die Stabilität des Niveaus sämtlicher Preise zu sichern. Preisstabilität im Sinne des Art. 127 Abs. 1 AEUV ist mithin als Preisniveaustabilität zu verstehen,[22] was sich im Übrigen auch aus dessen Satz drei ergibt, wonach das ESZB „im Einklang mit dem Grundsatz einer offenen Marktwirtschaft mit freiem Wettbewerb" handelt.[23]

Zweitens sollte Preisniveaustabilität gerade in einem größeren Währungsgebiet wie der Eurozone aus zumindest drei Gründen nicht mit 0 % Inflation gleichgesetzt werden.[24] Zunächst bestehen nämlich ganz erhebliche Unsicherheiten bei der Messung der tatsächlichen Inflationsrate,[25] was auch daran liegt, dass diese zumindest partiell auch von mathematisch nur schwer fassbaren Wertungen abhängt (etwa im Hinblick auf Qualitätssteigerungen).[26] Nicht zuletzt die mit dem harmonisierten Verbraucherpreisindex (HVPI) gemessene Inflation, der auch von der EZB herangezogen wird, überzeichnet bisweilen die tatsächliche Preissteigerung.[27] Eine danach bestimmte Inflationsrate nahe Null bedeutete also möglicherweise bereits einen Rückgang des tatsächlichen Preisniveaus (Deflation).[28] Selbst wenn entsprechende Messungenauigkeiten jedoch nicht bestünden, muss die Definition der Preisstabilität darüber hinaus gerade in einem wirtschaftlich inhomogenen Währungsgebiet wie der Eurozone bestehenden regionalen Inflationsdifferenzen Rechnung tra-

---

[21] *E. Görgens/K. Ruckriegel/F. Seitz*, Europäische Geldpolitik, S. 112 f.; *J. Endler*, Europäische Zentralbank und Preisstabilität, S. 63.
[22] *C. Gaitanides*, Das Recht der Europäischen Zentralbank, S. 20: „Inflation liegt nur dann vor, wenn das Preis-‚Niveau' steigt."
[23] Vgl. auch *C. Gaitanides*, Das Recht der Europäischen Zentralbank, S. 21.
[24] Siehe auch *O. Issing*, Einführung in die Geldtheorie, S. 280.
[25] *U. Häde*, in: C. Calliess/M. Ruffert, EUV/AEUV, Art. 127 AEUV, Rn. 3; *J. Endler*, Europäische Zentralbank und Preisstabilität, S. 70 f.
[26] *E. Görgens/K. Ruckriegel/F. Seitz*, Europäische Geldpolitik, S. 114. Siehe auch den Hinweis von *D. Begg*, The Design of EMU, IMF Working Paper 97/99, August 1997, S. 15 in Fn. 20.
[27] Vgl. auch *E. Görgens/K. Ruckriegel/F. Seitz*, Europäische Geldpolitik, S. 178: „Insgesamt kommt es i.d.R. zu einer systematischen Übertreibung der tatsächlichen Inflationsrate."
[28] Vgl. *EZB*, Die Geldpolitik der EZB, S. 72 f. Siehe auch *A. Bley*, Was kann die EZB von der Bank of England lernen?, Wirtschaftsdienst 2003, 478 (478): „Da die gemessene Inflationsrate die tatsächliche Geldentwertung um etwa 0,5 bis 1,0 Prozentpunkte überzeichnet, stellt eine Stabilitätsnorm von nahe 2 % auch einen Schutz gegen Deflationsrisiken dar."

gen,²⁹ die sich angesichts unterschiedlicher Produktionsniveaus der einzelnen Mitglieder nicht zuletzt aufgrund des Balassa-Samuelson-Effekts ergeben können und wohl auch ergeben haben.³⁰ Die Geldpolitik der EZB kann grundsätzlich nur das Preisniveau insgesamt beeinflussen, nicht hingegen auf signifikante Inflationsunterschiede mit einer regional angepassten Geldpolitik reagieren.³¹ Um dem Risiko regionaler Deflationszonen zu entgehen,³² erscheint es daher von Seiten der Zentralbank richtig, das angestrebte Inflationsziel nicht bei 0%, sondern leicht darüber anzusiedeln. Denn die Gefahren einer auch nur geringfügigen Deflation werden gemeinhin als sehr viel gravierender angesehen, als diejenigen einer leichten und kontrollierten Preissteigerung.³³

Zuletzt besteht drittens die Gefahr, dass die Zentralbank bei einem Inflationsziel von 0% nur noch begrenzt auf adverse Schocks reagieren kann, da sie ihre Leitzinsen nicht unter die Nullzinsgrenze absenken kann. Sollte der kurzfristige Zins aufgrund des 0%-Inflationsziels aber schon nahe Null angesiedelt sein, sind weitere Zinssenkungen zur Stimulierung der Wirtschaft praktisch ausgeschlossen – ein Zustand, wie er etwa in Japan im letzten Jahrzehnt zu beobachten war.³⁴

---

[29] So lag die jährliche Inflationsrate des gesamten Euroraums nach Angaben von Eurostat im Januar 2013 bei exakt 2,0%. In den einzelnen Mitgliedstaaten schwankte die Rate indes zwischen 0,0% für Griechenland (!) und 3,7% für Estland, vgl. *Eurostat*, Pressemitteilung Euroindikatoren 29/2013 vom 28.2.2013. Für Februar 2013 prognostizierte Eurostat eine weiter gesunkene Inflationsrate für den Euroraum von 1,8%, vgl. *Eurostat*, Pressemitteilung 30/2013 vom 1.3.2013 für März nur noch 1,7%, vgl. *Eurostat*, Pressemitteilung 51/2013 vom 3.4.2013 und für April gar nur noch 1,2%, vgl. *Eurostat*, Pressemitteilung 69/2013 vom 30.4.2013. Zu den Gründen für diese Inflationsdifferenzen siehe *E. Görgens/K. Ruckriegel/F. Seitz*, Europäische Geldpolitik, S. 38 ff.
[30] Zu diesem siehe *E. Görgens/K. Ruckriegel/F. Seitz*, Europäische Geldpolitik, S. 33 ff., 179 f. Allerdings sind die tatsächlichen Inflationsunterschiede innerhalb der Währungsunion wohl zu groß, um sie allein mit diesem Effekt erklären zu können.
[31] Siehe auch *Notre Europe*, Den Euro vollenden, November 2012, S. 16 f., die darauf hinweisen, dass die Geldpolitik der EZB daher im Ergebnis für keinen Mitgliedstaat vollständig passen kann („one size fits none"). Siehe auch *F. W. Scharpf*, Was soll und kann die Europäische Union?, ZSE 2012, 540 (543) sowie *E. Görgens/K. Ruckriegel/F. Seitz*, Europäische Geldpolitik, S. 12: „Die für das gesamte Währungsgebiet zuständige Zentralbank kann nämlich nicht auf die Verhältnisse in einem einzelnen Land Rücksicht nehmen, sondern muss sich stets am gesamten Währungsraum orientieren." Dieses „Problem" einer Währungsunion ist im Rahmen der „Eurokrise" mehr als deutlich geworden.
[32] Die größte Deflationsgefahr in der Eurozone weist dabei wohl Deutschland auf, vgl. *E. Görgens/K. Ruckriegel/F. Seitz*, Europäische Geldpolitik, S. 181.
[33] *EZB*, Die Geldpolitik der EZB, S. 74.
[34] Vgl. *E. Görgens/K. Ruckriegel/F. Seitz*, Europäische Geldpolitik, S. 114. Siehe

Welches (leicht positive) Inflationsziel von einer Zentralbank konkret verfolgt werden sollte, ist ökonomisch (und regelmäßig auch normativ) hingegen nicht vorgegeben, da insoweit zwangsläufig auch die Besonderheiten des jeweiligen Währungsgebiets Berücksichtigung finden müssen (insbesondere das Ausmaß potenzieller Inflationsdifferenzen). Für die Eurozone hat der EZB-Rat Preisstabilität zunächst als „Anstieg des HVPI für das Euro-Währungsgebiet von unter 2 % gegenüber dem Vorjahr" definiert.[35] Im Jahr 2003 hat der EZB-Rat diese Definition leicht modifiziert. Angestrebt wird seitdem eine Teuerungsrate von „unter, aber nahe 2 %", um auf diese Weise eine ausreichende Sicherheitsmarge zur Vermeidung von Deflationsrisiken zu gewährleisten[36] – ein Wert den auch die Bank of England[37] und seit Januar 2013 die japanische Zentralbank anstreben.[38] Beide Definitionen wird man vor dem Hintergrund der ökonomischen Zusammenhänge ohne Weiteres als vereinbar mit den normativen Vorgaben des Art. 127 Abs. 1 AEUV ansehen müssen.[39] Letztlich kommt der EZB an dieser Stelle aber notwendig ein vergleichsweise weiter Beurteilungsspielraum bei der Bestimmung des konkreten Inflationspuffers zu[40] (was wohl auch für die japanische Zentralbank gilt). Eine Verletzung des Art. 127 Abs. 1 AEUV wird man insoweit erst dann annehmen können, wenn und soweit sich die gefundene Definition als offensichtlich nicht mehr vertretbar erweisen sollte, was – in Anlehnung

---

auch *H.-P. Spahn*, Geldpolitik, S. 185. Siehe aber auch die knappen Überlegungen zu einem Nullinflationsziel bei *M. Carney*, Monetary Policy After the Fall, Eric J. Hanson Memorial Lecture, S. 2 f.

[35] Vgl. *EZB*, Die Geldpolitik der EZB, S. 69. Siehe auch *EZB*, Press Conference, October 1998, The President's Introductory Statement, S. 3.

[36] *EZB*, Die Geldpolitik der EZB, S. 71. Siehe auch *C. Gaitanides*, Das Recht der Europäischen Zentralbank, S. 20; *H. James*, Making of the European Monetary Union, S. 390. Weiterhin auf die „veraltete" Definition verweisend *M. Herdegen*, Europarecht, § 23, Rn. 23.

[37] Anders als die EZB kann die Bank of England ihr jeweiliges Inflationsziel jedoch nicht selbstständig bestimmen. Es wird ihr vielmehr durch den Finanzminister jährlich im Rahmen der Haushaltsberatungen vorgegeben. Vgl. auch *A. Bley*, Was kann die EZB von der Bank of England lernen?, Wirtschaftsdienst 2003, 478 (479).

[38] Die japanische Zentralbank verfolgte zuvor ein Inflationsziel von 1 %.

[39] Wie hier auch *C. Gaitanides*, Das Recht der Europäischen Zentralbank, S. 40: „Diese allgemeingültigen Vorgaben lassen ebenfalls keine Ermessensfehler seitens der EZB erkennen."

[40] Vgl. auch *W. Heun*, Die Europäische Zentralbank in der Europäischen Währungsunion, in: K. Beckmann/J. Dieringer/U. Hufeld, Eine Verfassung für Europa, S. 403 (410 f.). Ähnlich *M. Potacs*, in: J. Schwarze, EU-Kommentar, Art. 127 AEUV, Rn. 5 („weites währungspolitisches Ermessen"); *E. Görgens/K. Ruckriegel/F. Seitz*, Europäische Geldpolitik, S. 75.

A. Das Mandat der EZB   31

an die EuGH-Rechtsprechung im Bereich der Staatshaftung – erst dann anzunehmen wäre, wenn die EZB den ihr eingeräumten Spielraum „offenkundig und erheblich"[41] überschritten hat.[42] Angesichts der Komplexität der Materie sollten sich sowohl der EuGH als auch das BVerfG davor hüten, der EZB konkrete Inflationsziele vorzugeben. Jedenfalls wäre es – gerade vor dem Hintergrund der durch die Staatsschuldenkrise deutlich gewordenen wirtschaftlichen Heterogenität der Mitgliedstaaten der Eurozone und der darin begründeten Inflationsdifferenzen[43] – letztlich wohl nicht zu beanstanden, wenn die EZB ihr Inflationsziel auf 2,5% oder sogar 3% erhöhte.[44] Ob hingegen ein Inflationsziel von 3,5% oder 4% sich noch unter den Begriff der Preisstabilität subsumieren ließe, ist fraglich – als sonderlich praxisrelevant erweist sich diese Frage allerdings nicht.[45]

Der angesprochene (weite) Beurteilungsspielraum der EZB bezieht sich zwangsläufig nicht nur auf das Inflationsziel als solches, sondern auch auf die Methoden, mit denen die tatsächliche Preissteigerungsrate in regelmäßigen Abständen ermittelt wird. Offensichtlich kommt diesen Messmethoden eine ganz herausragende Bedeutung für die Tätigkeit einer Zentralbank zu, da je nach Methode zum Teil erheblich voneinander abweichende Inflationsraten gemessen werden können (ohne dass eine dieser Raten per se als unzutreffend oder falsch bezeichnet werden

---

[41] Siehe etwa EuGH, verb. Rs. C-46/93 und C-48/93 (Brasserie de pecheur), Slg. 1996, I-1029, Rn. 55. Dazu auch *A. Thiele*, Haftungsrecht, in: J. P. Terhechte, Verwaltungsrecht der Europäischen Union, § 39, Rn. 32.

[42] Vgl. auch *M. Potacs*, in: J. Schwarze, EU-Kommentar, Art. 127 AEUV, Rn. 5.

[43] Vgl. *E. Görgens/K. Ruckriegel/F. Seitz*, Europäische Geldpolitik, S. 179 ff.

[44] Anders wohl *J. Endler*, Europäische Zentralbank und Preisstabilität, S. 71, der den Zweck eines über 0% angesetzten Inflationsziels allerdings allein im Erfordernis einer Unsicherheitsmarge sieht und damit vor allem die Inflationsdifferenzen innerhalb des Eurogebiets nicht hinreichend berücksichtigt. Das Inflationsziel der tschechischen Zentralbank lag von 1998 bis Ende 2009 tatsächlich bei 3% +/- 1 Prozentpunkt. Im Zusammenhang mit dem angestrebten Beitritt zur Eurozone wurde das Inflationsziel ab 2010 jedoch auf 2% +/- 1 Prozentpunkt abgesenkt, vgl. *E. Görgens/K. Ruckriegel/F. Seitz*, Europäische Geldpolitik, S. 163.

[45] Insgesamt hat sich die EZB im Übrigen seit ihrem Bestehen als sehr erfolgreich bei der Sicherung der Preisniveaustabilität erwiesen. Während der Finanz- und Währungskrise ging die Teuerungsrate zwar leicht nach oben, was jedoch vor allem auf höhere Rohstoff- und Energiepreise zurückzuführen war, also keine geldpolitischen Gründe hatte. Im November 2012 betrug die Teuerungsrate der Eurozone ca. 2,2%, lag also etwas über dem von der EZB angestrebten Idealwert; im Januar 2013 betrug sie dann jedoch exakt 2%. Seitdem hat die Inflationsrate diesen Wert (bis Juni 2013) jedenfalls nicht mehr überschritten.

könnte).⁴⁶ Da es in diesem Zusammenhang nicht um die Stabilität einzelner Preise, sondern um diejenige des gesamten Preisniveaus geht, wird die Teuerungsrate regelmäßig mit Hilfe eines repräsentativen Korbes von Konsumgütern und Dienstleistungen ermittelt. Welche Konsumgüter und Dienstleistungen für diese Aufgabe am besten geeignet erscheinen und wie diese im Einzelnen zu gewichten sind, ist dabei allerdings weder ökonomisch noch normativ vorgegeben. Im Protokoll Nr. 13 über die Konvergenzkriterien wird zwar in Art. 1 zur Ermittlung der Preisstabilität auf den Verbraucherpreisindex verwiesen. Daraus ergibt sich jedoch keine zwingende Zusammensetzung des für die EZB relevanten „Korbes", da sich dieses Protokoll lediglich an die Kommission und die Mitgliedstaaten wendet und eine Gleichbehandlung aller beitretenden Mitgliedstaaten sicherstellen will. Dass auch die EZB bei der Wahrnehmung ihres geldpolitischen Mandats nach Art. 127 Abs. 1 S. 1 AEUV an diesen besonderen Index gebunden werden sollte, erscheint insofern kaum vertretbar. Richtigerweise obliegt es also der EZB selbst, den nach ihrer Ansicht optimalen Waren- und Dienstleistungskorb zusammenzustellen, der sich zur Ermittlung der Teuerungsrate am besten eignet. Gegenwärtig greift die EZB dabei auf den sogenannten „Harmonisierten Verbraucherpreisindex" (HVPI) zurück, der auf von Eurostat veröffentlichten Daten beruht, die seit Januar 1995 zur Verfügung stehen.⁴⁷ Auf Basis der aktuellen Gewichtung der Konsumausgaben sind Waren danach für 58 % und Dienstleistungen für 42 % des HVPI verantwortlich; eine Kerninflationsrate (Core Inflation)⁴⁸ wird von der EZB (bisher) nicht angegeben.

---

⁴⁶ Vgl. etwa *A. Bley*, Was kann die EZB von der Bank of England lernen?, Wirtschaftsdienst 2003, 478 (482). Abhängig von der Messmethode schwankt die gemessene Inflationsrate danach um bis zu 1 % nach oben bzw. unten. Bei einer angestrebten Inflationsrate von 2 % ist das ein mehr als erheblicher Unterschied. Durch den Wechsel auf eine andere Messmethode wäre es einer Zentralbank dadurch möglich, ohne nominelle Änderung des Inflationsziels eine faktische Erhöhung desselben herbeizuführen. Bei der Bewertung des Inflationsziels einer Zentralbank darf die Methode der Inflationsmessung daher unter keinen Umständen unberücksichtigt bleiben.
⁴⁷ Vgl. *EZB*, Die Geldpolitik der EZB, S. 70 f.
⁴⁸ Bei der Kerninflationsrate werden temporäre preistreibende Effekte (etwa plötzlich steigende Energiekosten), die nicht in einem Zusammenhang mit dem grundlegenden Inflationsprozess stehen, aus der allgemeinen Inflationsrate herausgerechnet, vgl. *E. Görgens/K. Ruckriegel/F. Seitz*, Europäische Geldpolitik, S. 175. Aus der Perspektive einer Zentralbank kann die Angabe einer solchen Kerninflationsrate vor allem dann sinnvoll sein, wenn die allgemeine Inflationsrate aufgrund entsprechender temporärer Schocks das selbst gesetzte Inflationsziel übersteigen sollte. Denn dadurch kann sie deutlich machen, dass sie als Zentralbank für diesen Effekt nicht verantwortlich zeichnet.

Der EZB stünde es aber frei, diese Gewichtung jederzeit zu modifizieren. Bisher lehnt es die EZB zudem ab, die Entwicklung der Vermögenspreise unmittelbar in den Preisindex einzubeziehen – eine Forderung, die von Teilen der Ökonomie nicht erst seit der Finanzkrise 2007/2008 erhoben wird.[49] Stattdessen wird der Vermögenspreisentwicklung im Rahmen der geldpolitischen Zwei-Säulen-Strategie der EZB Rechnung getragen. Auch diese Entscheidung des EZB-Rates ist jedenfalls normativ nicht zu beanstanden.[50]

II. Unterstützung der Wirtschaftspolitik in der Union

„Fiskal- und Wirtschaftspolitik ist keine Aufgabe der EZB". Dieser Satz, der in dieser oder ähnlicher Form fast täglich in den Medien verbreitet und der von praktisch keiner Seite mehr ernsthaft in Frage gestellt wird, ist zumindest aus rechtlicher Perspektive in dieser Absolutheit unzutreffend. Nach Art. 127 Abs. 1 S. 2 AEUV unterstützt das ESZB vielmehr die allgemeine Wirtschaftspolitik in der Union, um zur Verwirklichung der in Art. 3 EUV festgelegten Ziele der Union beizutragen.[51] Art. 3 Abs. 3 EUV nennt dabei – neben der Preisstabilität – unter anderem die Ziele eines ausgewogenen Wirtschaftswachstums sowie einer in hohem Maße wettbewerbsfähigen Marktwirtschaft, die auf Vollbeschäftigung und sozialen Fortschritt abzielt. Allerdings – und insoweit erweist sich die obige Aussage denn auch aus rechtlicher Perspektive als haltbar – darf die EZB zur Verwirklichung dieser Ziele nur dann beitragen, soweit dies ohne Beeinträchtigung des vorrangigen Zieles der Gewährleistung der Preisstabilität möglich ist. Zwischen diesen beiden Zielen der Geldpolitik besteht also – im Einklang mit der überwiegenden ökonomischen Literatur – ein normatives Stufenverhältnis. Allerdings sollte man aus diesem Stufenverhältnis keine voreiligen Schlüsse im Hinblick auf die normative Bewertung geldpolitischer Entscheidungen ziehen:[52] Denn die Beurteilung, ob

---

[49] Siehe dazu etwa R. M. Lastra, Legal Foundations of International Monetary Stability, S. 35 f.
[50] Vgl. dazu auch E. Görgens/K. Ruckriegel/F. Seitz, Europäische Geldpolitik, S. 197 f.
[51] Darauf weist auch der EuGH in seinem Urteil zum Europäischen Stabilitätsmechanismus (ESM) richtigerweise hin, siehe EuGH, Rs. C-370/12, Urteil vom 27. November 2012, Slg. 2012, I-0000 (ESM), Rn. 54. Dazu auch M. Potacs, in: J. Schwarze, EU-Kommentar, Art. 127 AEUV, Rn. 6.
[52] Vgl. W. Heun, Die Europäische Zentralbank in der Europäischen Währungsunion, in: K. Beckmann/J. Dieringer/U. Hufeld, Eine Verfassung für Europa, S. 403 (410 f.).

durch eine Unterstützung der allgemeinen Wirtschaftspolitik der Union die Preisstabilität beeinträchtigt wird, obliegt zunächst einmal der EZB selbst. Angesichts der Komplexität wirtschaftlicher Prozesse wird sich deren Einschätzung aber nur in seltenen Fällen als normativ unhaltbar erweisen – eine allein ökonomische Umstrittenheit kann angesichts der oben beschriebenen Zusammenhänge dafür jedenfalls nicht ausreichen. Erst dann, wenn sich die Einschätzung der EZB als „offensichtlich fehlsam" erweisen sollte, müsste man diese also wohl auch rechtlich zurückweisen. Zumindest faktisch wäre die EZB insofern kaum daran gehindert, unter Berufung auf diese subsidiäre Zuständigkeit (aktive) Wirtschaftspolitik zu betreiben: „Wenn eine Zentralbank andere Ziele verfolgen will, [...] wird sie das in erheblichem Umfang tun können."[53] Auch in der aktuellen Staatsschuldenkrise hätte die EZB angesichts der aktuellen Inflationsraten (im April 2013 lag diese bei 1,2 %)[54] also ohne Weiteres die Möglichkeit, ihre Maßnahmen zumindest auch mit diesem Teil ihres Mandats zu rechtfertigen. Dass sie dies gleichwohl nicht tut, vielmehr nicht müde wird zu betonen, dass es sich ausschließlich um „klassische Geldpolitik" (nämlich der Sicherung der geldpolitischen Transmissionsmechanismen)[55] und keineswegs um allgemeine Wirtschafts- oder Fis-

---

[53] W. *Heun*, Die Europäische Zentralbank in der Europäischen Währungsunion, in: K. Beckmann/J. Dieringer/U. Hufeld, Eine Verfassung für Europa, S. 403 (411).

[54] *Eurostat*, Pressemitteilung 69/2013 vom 30.4.2013. Siehe auch *EZB*, Stellungnahme zu den Verfassungsbeschwerden 2 BvR 1390/12 u.a., S. 6.

[55] Vgl. dazu *EZB*, Die Geldpolitik der EZB, S. 67 f., wo die EZB ausdrücklich auf die im Rahmen der Staatsschuldenkrise ergriffenen Sondermaßnahmen Bezug nimmt, die zur Sicherung des geldpolitischen Transmissionsprozesses ergangen seien. Siehe zum Ankaufprogramm vor allem griechischer Anleihen auch die Pressemitteilung der EZB vom 07.08.2011: „[...] 6. It is on the basis of the above assessments that the ECB will actively implement its Securities Markets Programme. This Programme has been designed to help restoring a better transmission of our monetary policy decisions – taking account of dysfunctional market segments – and therefore to ensure price stability." Zum konditionierten Ankaufprogramm (Outright Monetary Transactions) das Introductory Statement von EZB-Präsident *Mario Draghi* vom 6.9.2012: „[...] As we said a month ago, we need to be in the position to safeguard the monetary policy transmission mechanism in all countries of the euro area. We aim to preserve the singleness of our monetary policy and to ensure the proper transmission of our policy stance to the real economy throughout the area. OMTs will enable us to address severe distortions in government bond markets which originate from, in particular, unfounded fears on the part of investors of the reversibility of the euro. Hence, under appropriate conditions, we will have a fully effective backstop to avoid destructive scenarios with potentially severe challenges for price stability in the euro area. Let me repeat what I said last month: we act strictly within our mandate to maintain price stability over the medium term; we act independently in determining monetary policy; and the euro is irreversible." Insoweit irrt *H.-W. Forkel*, Euro-Rettung, Demokratie

kalpolitik handelt, verfolgt wohl vor allem den Zweck, die eigene Akzeptanz in der Öffentlichkeit nicht zu gefährden. Denn wenngleich sich entsprechende Maßnahmen wie dargelegt normativ mit diesem Teil ihres Mandats rechtfertigen ließen, wäre es doch äußerst fraglich, ob die Bevölkerung – aber auch die Politik – diese vor dem Hintergrund der aktuell vergleichsweise aufgeheizten Stimmung mit einer entsprechenden Begründung tolerieren würde. Es bestünde damit die Gefahr eines erheblichen Glaubwürdigkeitsverlustes, die die Funktionsfähigkeit der Geldpolitik im Übrigen massiv beeinträchtigen könnte. Dennoch gilt es, auch diesen Teil des Mandats der EZB bei einer rechtlichen Bewertung ergriffener Maßnahmen im Hinterkopf zu behalten.

Was unter „allgemeiner Wirtschaftspolitik" im Einzelnen zu subsumieren ist, lässt sich den europäischen Verträgen erneut nicht abschließend entnehmen. Es handelt sich wiederum um einen unbestimmten Rechtsbegriff, der dementsprechend einer näheren Konkretisierung bedarf. Vier Dinge wird man insoweit aber zumindest festhalten können:

- Die Unterstützung der allgemeinen Wirtschaftspolitik durch die EZB erfolgt nach Art. 127 Abs. 1 AEUV um zur Verwirklichung der Ziele des Art. 3 EUV beizutragen. Der Art. 3 EUV enthält einen bunten Strauß an Zielen der Union, die in diesem Umfang gemeinhin wohl nicht unter den Begriff der Wirtschaftspolitik subsumiert werden würden. Um das Mandat der EZB nicht allzu weit auszudehnen, wird man aus diesem Grund allein diejenigen Ziele des Art. 3 EUV von der in Art. 127 Abs. 1 S. 2 AEUV erfolgten Verweisung erfasst ansehen können, die zumindest einen wenn auch marginalen Bezug zur wirtschaftlichen Entwicklung der EU aufweisen. Die Wahrung des Reichtums der kulturellen und sprachlichen Vielfalt (Art. 3 Abs. 4 EUV) wird man sinnvollerweise kaum gerade der EZB auftragen, selbst wenn es sich insgesamt um eine subsidiäre Zuständigkeit handelt. Andererseits ist es nach Art. 3 Abs. 4 EUV ausdrückliches Ziel der EU, eine Wirtschafts- und Währungsunion zu errichten.
- Zu unterstützen ist die allgemeine Wirtschaftspolitik *in* der Union und nicht diejenige *der* Union. Damit ist klargestellt, dass die EZB nicht darauf beschränkt ist, Maßnahmen der Europäischen Union selbst zu unterstützen, sondern auch und gerade eine Unterstützung gemeinsam artikulierter Wirtschaftspolitik der einzelnen Mitgliedstaaten von

---

und Rechtsstaat, ZRP 2012, 240 (240), wenn er meint, dass sich die EZB in diesem Zusammenhang auf ihr subsidiäres Mandat zur Sicherung von Wachstum und Arbeitsplätzen stützt.

diesem Teil ihres Mandats umfasst ist.⁵⁶ Diese Regelung erweist sich angesichts der Tatsache, dass sich der Großteil der wirtschaftspolitischen Kompetenzen weiterhin bei den Mitgliedstaaten befindet auch ohne Zweifel als sinnvoll. Für diese Untersuchung ist dieser Befund aber vor allem deswegen bedeutend, da es sich sowohl bei der EFSF als auch beim ESM sowie bei den an Griechenland geleisteten Hilfskrediten im Kern um mitgliedstaatliche Maßnahmen handelt, die formal außerhalb des institutionellen EU-Rahmens angesiedelt sind. Von Art. 127 Abs. 1 S. 2 AEUV werden sie aber gleichwohl erfasst.

– Nach Art. 127 Abs. 5 AEUV trägt das ESZB (und damit auch und gerade die EZB) zur reibungslosen Durchführung der von den zuständigen Behörden auf dem Gebiet der Stabilität des Finanzsystems ergriffenen Maßnahmen bei. Über die Möglichkeit solche Erwägungen bereits bei Entscheidungen zur Gewährleistung der Preisstabilität zu berücksichtigen hinaus, wird man ein entsprechendes Vorgehen der EZB zumindest auch als Unterstützung der allgemeinen Wirtschaftspolitik in der Union ansehen können.

– Angesichts der verschiedenen wirtschaftspolitischen Philosophien führt dabei auch an dieser Stelle rechtlich wohl kein Weg an einem gewissen Beurteilungsspielraum der EZB vorbei. Normativ lässt sich dem europäischen Primärrecht – sieht man einmal von der Entscheidung für eine „wettbewerbsfähige soziale Marktwirtschaft"⁵⁷ zumindest keine bestimmte wirtschaftspolitische Auffassung entnehmen, die für die einzelnen Institutionen als verbindlich anzusehen wäre. Auch die im Rahmen ihres „wirtschaftspolitischen" Mandats getroffenen Entscheidungen der EZB sind folglich rechtlich nicht zu beanstanden, wenn sie sich jedenfalls als vertretbar erweisen.

---

⁵⁶ *U. Häde*, in: C. Calliess/M. Ruffert, EUV/AEUV, Art. 127 AEUV, Rn. 5.
⁵⁷ Siehe Art. 3 Abs. 3 EUV. *M. Ruffert*, in: C. Calliess/M. Ruffert, EUV/AEUV, Art. 3 EUV, Rn. 25 spricht insoweit von der „wirtschaftsverfassungsrechtliche[n] Grundentscheidung" der Europäischen Union.

B. Instrumente der EZB und Wahl- und Entwicklungsfreiheit der EZB

I. (Theoretische) Funktionsweise einer Zentralbank

Von diesen normativen Zielen bzw. dem Zielkatalog zu unterscheiden, sind die Instrumente, derer sich eine Zentralbank bedient, um diese in der Praxis zu erreichen. Insoweit erscheint es zunächst hilfreich sich in Erinnerung zu rufen, auf welche Weise eine Zentralbank ganz grundsätzlich auf die Wirtschaftsentwicklung im Allgemeinen und die Preisniveaustabilität im Besonderen einwirken kann. Den Ausgangspunkt der Überlegungen bildet dabei das der Zentralbank zugewiesene Zentralbankgeldmonopol.[58] Sieht man vom Münzmonopol ab, wird durch dieses Banknotenmonopol eine Nachfrage der Kreditinstitute nach Banknoten begründet, die von der Zentralbank genutzt werden kann, um im Rahmen der Befriedigung dieser Nachfrage entweder den Tagesgeldsatz oder die Geldbasis[59] (nicht die Geldmenge!)[60] zu steuern. Die dadurch bewirk-

---

[58] Vgl. Art. 128 Abs. 1 AEUV. Siehe auch *C. Herrmann*, Währungshoheit, Währungsverfassung und subjektive Rechte, S. 48.

[59] Heutzutage konzentrieren sich dabei allerdings praktisch alle Zentralbanken auf die Steuerung des Tagesgeldsatzes, vgl. *E. Görgens/K. Ruckriegel/F. Seitz*, Europäische Geldpolitik, S. 106 f. sowie *U. Bindseil*, Monetary Policy Implementation Theory – Past, – Present, S. 8. Die Geldbasis (B) setzt sich aus dem Bargeldumlauf (BG) und der bei der Zentralbank gehaltenen Reserve R der Geschäftsbanken zusammen: B = BG + R. B wird auch als Zentralbankgeld bezeichnet. Zu den verschiedenen Geldarten *O. Issing*, Einführung in die Geldtheorie, S. 5 ff. Verfehlt ist es jedenfalls den Begriff Zentralbankgeld in Art. 123 Abs. 2 AEUV mit den öffentlichen Haushalten der Mitgliedstaaten gleichzusetzen. So aber *H. Kube/E. Reimer*, Grenzen des europäischen Stabilisierungsmechanismus, NJW 2010, 1911 (1912). Richtig hingegen *A. Glaser*, Die Neuausrichtung der EU-Finanzverfassung durch den europäischen Stabilitätsmechanismus, DÖV 2012, 901 (903).

[60] Die Geldmenge ist insoweit eine endogene von der Zentralbank nicht unmittelbar zu steuernde Größe, da sie von der Kreditvergabe der Geschäftsbanken und der Geldnachfrage der Nichtbanken bestimmt wird. Der Geldschöpfungsmultiplikator ist insofern nicht konstant. Gerade im Zusammenhang mit der Finanzkrise 2007/2008 und der aktuellen Staatsschuldenkrise zeigt sich, dass die EZB prinzipiell keine Möglichkeit hat, die Geschäftsbanken zur erforderlichen Kreditvergabe zu zwingen. Sie hat zwar große Mengen Zentralbankgeld zur Verfügung gestellt. Aufgrund bestehender Vertrauensdefizite wird dieses Geld durch die Geschäftsbanken jedoch nicht ausreichend zur Kreditvergabe genutzt, weshalb die Geldmenge nur marginal erhöht wurde. Aufgrund der Konzentration moderner Zentralbanken auf den Tagesgeldsatz ist aktuell indes auch die Geldbasis eine endogene Größe, die allerdings zumindest theoretisch durch die Zentralbank steuerbar wäre, vgl. *E. Görgens/K. Ruckriegel/F. Seitz*, Europäische Geldpolitik, S. 110.

ten Änderungen der Geldmarktzinsen[61] – so die Überlegung – zwingen die ansonsten selbstständigen Marktteilnehmer zu Anpassungen in ihrem Marktverhalten, wodurch mittel- bis langfristig wiederum ökonomische Variablen wie Produktion und Preise beeinflusst werden.[62] Schon dieser knappe Überblick über den Transmissionsmechanismus von Zentralbankmaßnahmen zeigt,[63] dass deren Auswirkungen von einer Vielzahl unterschiedlichster Verhaltensweisen der Marktteilnehmer abhängen, die sich im Einzelnen nur sehr schwer in wirklich belastbarer Weise prognostizieren lassen – zumal die Zentralbank nur einer von vielen Akteuren ist, den die Marktteilnehmer bei ihren Entscheidungen berücksichtigen.[64] Hinzu tritt das Problem der sogenannten „time-lags", also der Wirkungsverzögerungen der Geldpolitik,[65] die dazu führen, dass einzelne Maßnahmen der Zentralbank zum Teil erst Jahre später die erhofften Wirkungen nach sich ziehen – und auch das nur dann, wenn und soweit sich die relevanten wirtschaftlichen Umstände in diesem Zeitraum nicht signifikant ändern oder sonstige unvorhergesehene Ereignisse (Finanz- oder Eurokrise!) auftreten.[66] Bisweilen wird angesichts dieser komplexen Wirkungszusammenhänge in der Ökonomie ernsthaft bezweifelt, ob eine Zentralbank zur Erreichung des Ziels der Preisstabilität überhaupt aktiv beitragen kann oder nicht möglicherweise mehr Scha-

---

[61] Eine beeindruckende Geschichte der weltweiten Zinsentwicklung seit der Antike bis zur Mitte der neunziger Jahre des 20. Jahrhunderts findet sich bei *S. Homer/R. Sylla*, A History of Interest Rates, 3rd Revised Edition 1996.

[62] Vgl. *EZB*, Die Geldpolitik der EZB, S. 59. Siehe auch *H. J. Hahn/U. Häde*, Währungsrecht, § 17, Rn. 12.

[63] Vgl. auch die knappe Darstellung bei *Deutsche Bundesbank*, Stellungnahme gegenüber dem Bundesverfassungsgericht vom 21. Dezember 2012, S. 3 ff. sowie *EZB*, Stellungnahme zu den Verfassungsbeschwerden 2 BvR 1390/12 u.a., S. 20 ff.

[64] Siehe auch die Ausführungen der *EZB*, Die Geldpolitik der EZB, S. 59: „Dieser Prozess […] ist vielschichtig, und obwohl er in seinen Grundzügen bekannt ist, gibt es keine einheitlichen und unbestrittenen Vorstellungen über alle seine relevanten Aspekte." Ähnlich auch *C. Borio*, Central banking post-crisis: What compass for uncharted waters?, BIS Working Papers No 353, September 2011, S. 12: „Above all, there is a need to manage expectations, recognising the limitations of our ability to manage the economy and of what central banks can achieve." Ausführlich zur Transmission geldpolitischer Impulse auch *E. Görgens/K. Ruckriegel/F. Seitz*, Europäische Geldpolitik, S. 287 ff.

[65] *Deutsche Bundesbank*, Stellungnahme gegenüber dem Bundesverfassungsgericht vom 21. Dezember 2012, S. 4.

[66] Vgl. dazu *H.-J. Jarchow*, Grundriss der Geldpolitik, S. 8 f. sowie *Deutsche Bundesbank*, Stellungnahme gegenüber dem Bundesverfassungsgericht vom 21. Dezember 2012, S. 4.

den denn Nutzen anrichtet.⁶⁷ Diese ohne Zweifel spannende Frage nach der ökonomischen Leistungsfähigkeit einer Zentralbank⁶⁸ soll an dieser Stelle freilich nicht vertieft werden. Denn zumindest normativ hat sich der AEU-Vertrag insoweit eindeutig positioniert, indem er der EZB gerade diese Aufgabe übertragen hat.

Gleichwohl zeigt dieser Blick in die Ökonomie aber einerseits, dass der direkte Einfluss einer Zentralbank auf die realwirtschaftliche Entwicklung und auch die Teuerungsrate nicht überschätzt werden sollte und dass der EZB angesichts der vielfältigen Unsicherheiten im Hinblick auf den Transmissionsprozess geldpolitischer Maßnahmen⁶⁹ andererseits erneut ein vergleichsweise weiter Beurteilungsspielraum beim Einsatz der einzelnen ihr zur Verfügung stehenden Instrumente zukommen muss.⁷⁰ Den besonderen ökonomischen Schwierigkeiten bei der Bewertung geldpolitischer Maßnahmen⁷¹ kommt insoweit durchaus normative Relevanz zu. Es wäre zumindest schwer einzusehen, weshalb gerade ein mit geldpolitischen und ökonomischen Laien besetztes Gericht – etwa der EuGH

---

⁶⁷ Nicht zuletzt *Friedrich August von Hayek* hat sich Ende der 70er Jahre für eine Ablösung des staatlichen Währungsmonopols und der Zentralbanken und deren Ersetzung durch eine allgemeine Währungskonkurrenz ausgesprochen, siehe *F. A. v. Hayek*, Denationalisation of Money – the Argument refined, S. 101 f. Auch *W. Bagehot*, Lombard Street, 1873 sowie *V. Smith*, The Rationale of Central Banking, 1936 befürworteten in der Theorie ein freies Bankensystem, waren sich jedoch darin einig, dass die Abschaffung der Bank of England kaum lösbare praktische Probleme gestellt hätte. Vgl. auch *C. Herrmann*, Währungshoheit, Währungsverfassung und subjektive Rechte, S. 56 ff. sowie die knappe Zusammenfassung bei *G. Cooper*, The Origin of Financial Crises, S. 30 ff.
⁶⁸ Allgemeiner Überblick zur Inflationstheorie, die sich (auch) mit dieser Frage beschäftigt bei *J. Endler*, Europäische Zentralbank und Preisstabilität, S. 86 ff. sowie *O. Issing*, Einführung in die Geldtheorie, S. 198 ff.
⁶⁹ Vgl. *Deutsche Bundesbank*, Stellungnahme gegenüber dem Bundesverfassungsgericht vom 21. Dezember 2012, S. 5.
⁷⁰ Vgl. auch *M. Vogel*, Die europarechtliche Bewertung der Euro-Rettung, ZSE 2012, 459 (487 f.). Siehe auch *F. Capie/C. Goodhart/S. Fischer/N. Schnadt*, The development of central banking, in: F. Capie/C. Goodhart/S. Fischer/N. Schnadt, The Future of Central Banking, S. 1 (81): „Such a medium-term general objective (price stability), however, leaves open a great deal of flexibility about the choice of immediate, specific, shortterm objectives, for example the use of intermediate targets, the choice of exchange rate, nominal incomes, inflation or price level as ultimate targets, and about the selection of operational mechanisms to achieve both the short- and medium-run targets."
⁷¹ Diese Schwierigkeiten können auch durch den Einsatz moderner ökonometrischer Modelle nicht beseitigt werden, da diese regelmäßig keine eindeutigen Ergebnisse zu liefern vermögen, vgl. *G. Kirchgässner*, Zur Rolle der Ökonometrie in der wissenschaftlichen Politikberatung, Thünen-Vorlesung 2012 des Vereins für Socialpolitik, 10. September 2012.

oder das Bundesverfassungsgericht[72] – außerhalb ausdrücklicher normativer Vorgaben besser beurteilen können sollte, ob und inwieweit eine bestimmte Maßnahme sich als geldpolitisch zweckmäßig bzw. aufgrund wirtschaftlicher Entwicklungen notwendig erweist.[73] Immerhin setzt sich der EZB-Rat aktuell aus insgesamt 23 geldpolitischen Fachleuten zusammen,[74] die ihre Entscheidungen regelmäßig mit sehr großer Mehrheit oder sogar einstimmig treffen – und auch im Rahmen der Staatsschuldenkrise bisher getroffen haben.[75]

---

[72] Vgl. auch C. *Herrmann*, Die Bewältigung der Euro-Staatsschulden-Krise an den Grenzen des deutschen und europäischen Währungsverfassungsrechts, EuZW 2012, 805 (811): „Es wäre jedenfalls überaus bemerkenswert, wenn acht in geldpolitischen Fragen bestenfalls laienhaft interessierte und beschränkt sachkundige Verfassungsrichter die geldpolitischen Einschätzungen des dazu primär berufenen, aus 23 Experten bestehenden EZB-Rates in Zweifel ziehen würden, aus dem nur einer die Maßnahmen für stabilitätspolitisch unangebracht hält."

[73] Für eine solchermaßen begrenzte gerichtliche Kontrolle spricht letztlich auch das vom EuGH frühzeitig entwickelte Konzept des institutionellen Gleichgewichts, vgl. EuGH, Rs. 9/56, Meroni/Hohe Behörde, Slg. 1958, 11 (44). Dieser Grundsatz gebietet es, dass „jedes Organ seine Befugnisse unter Beachtung der Befugnisse der anderen Organe ausübt" (EuGH, Rs. 70/88, Parlament/Rat, Slg. 1990, I-2041, Rn. 22). An dieses Erfordernis ist dabei auch der EuGH selbst gebunden, der insoweit bei seiner Tätigkeit berücksichtigen muss, dass die Unionsverträge die Geldpolitik (einschließlich der damit verbundenen komplexen Prognoseaufgaben) der unabhängigen EZB (und nicht dem EuGH) zugewiesen haben. Denn aus dem Grundsatz folgt eben auch, dass kein Organ die Befugnis hat, „den anderen Organen [...] ein Recht [zu] nehmen, das ihnen nach den Verträgen selbst zusteht" (EuGH, Rs. 149/85, Wybot, Slg. 1986, 2391, Rn. 23). Dazu auch *M. Nettesheim*, Kompetenzen, in: A. von Bogdandy/J. Bast, Europäisches Verfassungsrecht, S. 389 (405). Auch der Zuordnung von Zuständigkeiten im deutschen Staatsrecht liegt nicht allein der Gedanke der Mäßigung und Kontrolle von Staatsgewalt, sondern auch die Überlegung zugrunde, dass „staatliche Entscheidungen möglichst richtig, das heißt von den Organen getroffen werden, die dafür nach ihrer Organisation, Zusammensetzung, Funktion und Verfahrensweise über die besten Voraussetzungen verfügen" (BVerfGE 68, 1 [86]). Zum Erfordernis einer solchen funktionsgerechten Organverteilung siehe *H. Schulze-Fielitz*, in: Dreier, Grundgesetz Band II, Art. 20 (Rechtsstaat), Rn. 71; *H.-D. Horn*, Über den Grundsatz der Gewaltenteilung in Deutschland und Europa, JöR 49 (2001), 287 (294 ff.); *C. Möllers*, Gewaltengliederung, S. 73 ff.; ders., Dogmatik der grundgesetzlichen Gewaltengliederung, AöR 132 (2007), 493 (497 f.); *R. Poscher*, Funktionenordnung des Grundgesetzes, in: W. Hoffmann-Riem/E. Schmidt-Aßmann/A. Voßkuhle, Grundlagen des Verwaltungsrechts, Band I, 2. Auflage 2012, § 8, Rn. 28 f. sowie *W. Heun*, Das Konzept der Gewaltenteilung in seiner verfassungsgeschichtlichen Entwicklung, in: C. Starck, Staat und Individuum im Rechtsvergleich, S. 95 (111 ff.).

[74] Es handelt sich damit gewissermaßen um ein „pluralistisch besetztes Gremium", was zusätzlich für die Einräumung eines Beurteilungsspielraums spricht.

[75] Das genaue Abstimmungsergebnis wird indes nicht veröffentlicht, da die Ratssitzungen nach Art. 10.4 der Satzung der EZB vertraulich sind. Jedoch lässt sich auf-

II. Die prinzipiellen Instrumente der EZB

Der Komplexität der genannten Wirkkanäle geldpolitischer Impulse entsprechend, findet sich auch auf der Instrumentenebene regelmäßig ein bunter und vielfältiger Strauß an Handlungsmöglichkeiten, der einer Zentralbank zur Verfügung steht, um das ihr übertragene Ziel zu erreichen.[76] Tatsächlich könnte sich eine allzu enge normative Beschränkung insoweit als kontraproduktiv erweisen, wenn es darum geht, auf unvorhergesehene Marktentwicklungen angemessen und zügig zu reagieren. Die normativen Grundlagen der meisten Zentralbanken weisen dieser daher in der Regel ein vergleichsweise weitreichendes „Instrumentenerfindungsrecht" zu und definieren lediglich gewisse Rahmenbedingungen, denen die einzelnen Maßnahmen entsprechen müssen.[77] Auch der AEU-Vertrag selbst nennt daher praktisch keine konkreten geldpolitischen Instrumente der EZB, wenn man einmal von der Einräumung des Banknotenmonopols in Art. 128 Abs. 1 AEUV und Art. 282 Abs. 3 S. 2 AEUV absieht. In Art. 282 Abs. 4 S. 1 AEUV heißt es insoweit lediglich, dass die EZB „die für die Erfüllung ihrer Aufgaben erforderlichen Maßnahmen nach den Art. 127 bis 133 und Artikel 138 und nach Maßgabe der Satzung des ESZB und der EZB" erlässt. In den genannten Artikeln werden im Kern jedoch lediglich die Aufgaben der EZB sowie die Struktur des ESZB und der EZB beschrieben. In Art. 132 AEUV wird der EZB zudem die zur Erfüllung ihrer Aufgaben notwendige Kompetenz zum Erlass von Rechtsakten – insbesondere Verordnungen und Beschlüsse – übertragen, ohne insoweit allerdings inhaltliche Vorgaben zu machen oder gar eine bestimmte geldpolitische Strategie zu fordern. Immerhin wird man aus Art. 127 Abs. 1 S. 3 AEUV jedoch zumindest schließen können, dass die Geldpolitik der EZB im Wesentlichen durch marktkonforme Mittel erfolgen muss, wenn es dort heißt, dass das ESZB im Einklang mit ei-

---

grund des Verhaltens einzelner Ratsmitglieder im Vorfeld entsprechender Entscheidungen regelmäßig auf ein bestimmtes Abstimmungsverhalten schließen. Zur Zusammensetzung des EZB-Rates und dessen Abstimmungsregeln nur *M. Herdegen*, Europarecht, § 23, Rn. 27 ff.

[76] Siehe dazu den (auch historischen) Überblick bei *R. Smits*, The European Central Bank, S. 223 ff. sowie *W. Heun*, Die Europäische Zentralbank in der Europäischen Währungsunion, in: K. Beckmann/J. Dieringer/U. Hufeld, Eine Verfassung für Europa, S. 403 (414 ff.).

[77] Vgl. auch *R. Smits*, The European Central Bank, S. 229: „Central banks having a mixture of instruments at their disposal, and the option if setting targets as well as using discretion in the conduct of monetary policy, are the background against which the provisions setting out the instruments of the ECSB may be explored."

ner offenen Marktwirtschaft mit freiem Wettbewerb handelt.[78] Die EZB tritt zur Durchführung ihrer Geldpolitik folglich in geschäftliche Beziehungen zu den Geschäftsbanken und sonstigen Marktteilnehmern, legt die Geldmarktzinsen mithin nicht einseitig durch Hoheitsakt fest (wenngleich vereinzelte hoheitliche Maßnahmen wie die Festlegung eines Mindestreservesatzes andererseits nicht ausgeschlossen sind). Eine ähnliche verfassungsrechtliche Beschränkung bestand und besteht nach überwiegender Ansicht im Übrigen auch für die Bundesbank.[79]

Welche Geschäftsbeziehungen und sonstigen Instrumente im Einzelnen zulässig sind, ergibt sich damit nicht aus dem AEUV, sondern aus den – allerdings ebenfalls zum Primärrecht zu zählenden – Art. 17 ff. der Satzung der EZB. Die größte Bedeutung (sowohl für die Praxis als auch für die vorliegende Untersuchung) kommt dabei den sogenannten Offenmarkt- und Kreditgeschäften zu, die in Art. 18.1 der Satzung der EZB geregelt sind. Danach kann die EZB

– auf den Finanzmärkten tätig werden, indem sie auf Euro oder sonstige Währungen lautende Forderungen und börsengängige Wertpapiere sowie Edelmetalle endgültig oder im Rahmen von Rückkaufsvereinbarungen kauft oder verkauft oder entsprechende Darlehensgeschäfte tätigt;
– Kreditgeschäfte mit Kreditinstituten und anderen Marktteilnehmern abschließen, wobei für die Darlehen ausreichende Sicherheiten zu stellen sind.

Nach 18.2 der Satzung der EZB stellt diese eigenständig die weiteren Grundsätze für ihre Offenmarkt- und Kreditgeschäfte auf, wozu auch die Bedingungen gehören, unter denen sie bereit ist, entsprechende Geschäfte abzuschließen.[80] Dass es sich damit auch bei den Vorgaben der Satzung lediglich um Rahmenvorgaben handelt, wird hier deutlich und noch einmal dadurch bestätigt, dass der EZB-Rat (mit einer 2/3–Mehrheit) auch über die Anwendung anderer Instrumente entscheiden kann, die er bei Beachtung des Artikels 2 der Satzung der EZB für zweckmäßig hält.[81] Der EZB

---

[78] Vgl. auch C. *Gaitanides*, Das Recht der Europäischen Zentralbank, S. 110.
[79] Vgl. J. *Siebelt*, Der juristische Verhaltensspielraum der Zentralbank, S. 219 sowie M. *Herdegen*, in: T. Maunz/G. Dürig, Grundgesetz, Art. 88, Rn. 29. Vgl. auch J. *Hoffmann*, Europäisches Währungsverwaltungsrecht, in: J. Terhechte, Verwaltungsrecht der Europäischen Union, § 27, Rn. 29.
[80] Überblick zur Offenmarkt- und Refinanzierungspolitik der EZB bei H. J. *Hahn/U. Häde*, Währungsrecht, § 17, Rn. 15 ff.
[81] Zu diesem „Instrumentenerfindungsrecht" der EZB siehe C. *Gaitanides*, Das Recht der Europäischen Zentralbank, S. 131 ff. Vgl. auch R. *Smits*, The European Cen-

wird damit richtigerweise die nötige Flexibilität eingeräumt, derer es zur Wahrnehmung ihres geldpolitischen Mandats bedarf. Zwar sieht Art. 129 Abs. 3 AEUV trotz des Primärrechtsstatus der Satzung der EZB (vgl. Art. 129 Abs. 2 AEUV iVm Art. 51 EUV) eine vereinfachte Änderungsmöglichkeit für bestimmte Regelungen der Satzung vor. Auch die für die geldpolitischen Instrumente bedeutenden Artikel (insbesondere Art. 17 und 18) der Satzung können danach im ordentlichen Gesetzgebungsverfahren nach Art. 289 AEUV und folglich ohne förmliche Vertragsänderung nach Art. 48 EUV einschließlich erneuter Ratifikation durch alle Mitgliedstaaten modifiziert werden.[82] Auch ein solches Gesetzgebungsverfahren braucht jedoch regelmäßig zu lange, wenn es für die EZB darauf ankommt, auf unvorhergesehene Ereignisse zeitnah zu reagieren.

Neben die Offenmarkt- und Kreditgeschäfte – zu denen auch die sog. Ständigen Fazilitäten[83] gehören – tritt als einziges „hoheitliches Instrument"[84] nach Art. 19 der Satzung der EZB die Festlegung einer sogenannten Mindestreserve, wonach die Kreditinstitute verpflichtet werden können, einen bestimmten Prozentsatz ihrer Mindestreservebasis als Pflichteinlage bei der EZB zu halten. Die Mindestreserve dient der Stabilisierung der Geldmarktsätze, sorgt für die notwendige Anbindung der Kreditinstitute an die EZB und begrenzt die Geldschöpfungsmöglichkeiten der Kreditinstitute.[85] Als tagespolitisches Instrument der Geldpo-

---

tral Bank, S. 232: „The Statute exhaustively enumerates the competences which the ECB and the NCBs may use for implementing the System's tasks. Nevertheless, it is drafted in such a manner that the evolution of markets and techniques may be followed without the need for early amendment." Nicht zuletzt die Frage, welche Wertpapiere die EZB als ausreichende Sicherheit für die Vergabe von Darlehen ansieht, ist normativ nicht vorgegeben und kann von dieser mithin prinzipiell selbstständig festgelegt werden. Auch ein Junktim zwischen Sicherheitstauglichkeit der Wertpapiere mit einer Top-Bewertung durch eine Ratingagentur ist normativ also nicht vorgegeben. Darauf wird zurückzukommen sein.

[82] Das Initiativrecht für entsprechende Satzungsänderungen steht dabei nicht nur der Kommission, sondern richtigerweise auch der EZB selbst zu. Vgl. dazu und zu den Änderungen im Vergleich zum Vertrag von Nizza *U. Häde*, in: C. Calliess/M. Ruffert, EUV/AEUV, Art. 129 AEUV, Rn. 5.

[83] Die Ständigen Fazilitäten können von den Kreditinstituten jederzeit und im Unterschied zu den Hauptrefinanzierungsgeschäften auf eigene Initiative in Anspruch genommen werden. Zur Ausgestaltung dieses Instruments und den mit diesem verfolgten Zwecken nur *H.-J. Jarchow*, Grundriss der Geldpolitik, S. 153. Im Zusammenhang mit der Eurokrise spielen die Ständigen Fazilitäten keine besondere Rolle.

[84] *J. Hoffmann*, Europäisches Währungsverwaltungsrecht, in: J. Terhechte, Verwaltungsrecht der Europäischen Union, § 27, Rn. 7 spricht insoweit von „Eingriffsverwaltung".

[85] Ausführlich zu den Funktionen der Mindestreserve siehe *E. Görgens/K. Ruck-*

litik spielte die Mindestreserve im Übrigen bisher keine Rolle, weshalb der Mindestreservesatz seit 1999 bis zuletzt unverändert bei 2 % lag. Im Zusammenhang mit den im dritten Kapitel noch ausführlich darzustellenden „longer-term refinancing operations" (LTRO) wurde er jedoch mit Wirkung vom 18.01.2012 auf 1 % herabgesetzt (wodurch die Geldschöpfungsmöglichkeiten der Kreditinstitute entsprechend ausgeweitet wurden).[86]

Wenngleich sich der AEU-Vertrag ebenso wie die Satzung mit inhaltlichen Vorgaben für die Geldpolitik der EZB zurückhält, werden der EZB gleichwohl bestimmte Vorgehensweisen normativ untersagt, die ansonsten von ihrem geldpolitischen Mandat zumindest theoretisch erfasst wären. Von besonderer Bedeutung im Zusammenhang mit der hier zu untersuchenden Krise des Euro ist dabei die Regelung des Art. 123 Abs. 1 AEUV, die auch in den Medien immer wieder genannt wird und auf die auch die Kritiker des Vorgehens der EZB einen Großteil ihrer rechtlichen Einwände stützen. Art. 123 Abs. 1 AEUV enthält dabei insgesamt zwei Verbote:

– Untersagt sind zunächst Überziehungs- oder andere Kreditfazilitäten für Organe, Einrichtungen oder sonstige Stellen der Union, Zentralregierungen, regionale oder lokale Gebietskörperschaften oder andere öffentlich-rechtliche Körperschaften, sonstige Einrichtungen des öffentlichen Rechts oder öffentliche Unternehmen der Mitgliedstaaten bei der EZB oder nationalen Zentralbanken. Weder die Union noch die Mitgliedstaaten dürfen die EZB oder die nationalen Zentralbanken mithin als ihre „Hausbank" nutzen, um sich auf diese Weise – an den Finanzmärkten vorbei – mit praktisch unbegrenzten finanziellen Mitteln ausstatten zu lassen. Mit dem dadurch begründeten Verbot monetärer Haushaltsfinanzierung soll einerseits eine solide Haushaltspolitik der Mitgliedstaaten gefördert und andererseits die Unabhängigkeit der EZB und der nationalen Zentralbanken gesichert werden.[87]
– Untersagt ist aus eben diesen Gründen zudem der unmittelbare Erwerb von Schuldtiteln der Union oder der Mitgliedstaaten durch die EZB oder nationale Zentralbanken. Denn auch durch einen solchen

---

riegel/F. Seitz, Europäische Geldpolitik, S. 214 ff. Siehe auch *EZB*, Die Geldpolitik der EZB, S. 109 ff. Zu weiteren Zwecken auch *K.-H. Moritz*, Geldtheorie und Geldpolitik, S. 330 f.

[86] Siehe *EZB*, Pressemitteilung vom 8.12.2011 – ECB announces measures to support bank lending and money market activity.

[87] Vgl. *U. Häde*, in: C. Calliess/M. Ruffert, EUV/AEUV, Art. 123 AEUV, Rn. 1 ff.

Erwerb von Schuldtiteln auf dem Primärmarkt könnten sich die Union oder die Mitgliedstaaten von den Marktzwängen befreien, die eine unsolide Haushaltspolitik grundsätzlich durch zum Teil erhebliche Zinsaufschläge bei der Platzierung von Staatsanleihen sanktionieren. Gerade dieses Verbot spielt denn auch bei der rechtlichen Bewertung von der EZB im Zusammenhang mit der Eurokrise ergriffener Maßnahmen – nämlich dem Erwerb von Staatsanleihen auf dem Sekundärmarkt – eine bedeutende Rolle.

Beide Verbote des Art. 123 Abs. 1 AEUV wollen damit im Ergebnis eine zu starke Verflechtung der Haushalts- mit der Geldpolitik unterbinden; weder den Mitgliedstaaten noch der Union soll es also möglich sein, ihre finanziellen Probleme einfach auf die EZB „überzuwälzen" und sich von den Marktkräften unabhängig zu machen.[88] Zwar wäre es keineswegs ausgeschlossen, dass eine unabhängige Zentralbank wie die EZB aufgrund der damit verbundenen Gefahren für die Preisentwicklung auch ohne ein entsprechendes normatives Verbot von solchen Maßnahmen absieht. Um den zu erwartenden erheblichen politischen Druck effektiv abwehren zu können, erweist es sich jedoch als richtig, das Verbot einer solchen monetären Haushaltsfinanzierung auch normativ ausdrücklich in die Verträge aufzunehmen. Mit einem solchen punktuellen Verbot – und das sei an dieser Stelle betont – will der AEU-Vertrag jedoch keinesfalls sämtliche Berührungspunkte der Geldpolitik mit der staatlichen Fiskal- und Wirtschaftspolitik unterbinden. Angesichts der vielfältigen Überschneidungen und Verflechtungen wäre ein solches Unterfangen auch gänzlich unangebracht und in der Sache wohl ohnehin unmöglich. Jede geldpolitische Maßnahme hat zwangsläufig Auswirkungen auf die staatliche Finanzpolitik, wie auch jede finanzpolitische Maßnahme zumindest theoretisch geldpolitische Reaktionen nach sich ziehen kann. Bereits an dieser Stelle sei daher darauf hingewiesen, dass Art. 123 Abs. 1 AEUV nach seinem Wortlaut allein den *unmittelbaren* (nicht aber den mittelbaren) Erwerb von Staatsanleihen untersagt.[89] Darauf wird im dritten Kapitel zurückzukommen sein.

---

[88] Vgl. *EZB*, Stellungnahme zu den Verfassungsbeschwerden 2 BvR 1390/12 u.a., S. 12.
[89] Siehe auch *EZB*, Stellungnahme zu den Verfassungsbeschwerden 2 BvR 1390/12 u.a., S. 9.

III. Entscheidung über die Art und den Umfang der Instrumente

1. Die Bedeutung der geldpolitischen Methode und Strategie

Die Entscheidung über die Art und Weise des Einsatzes der soeben nur skizzierten Instrumente hängt davon ab, nach welcher Methode eine Zentralbank Risiken für die Preisstabilität ermittelt und damit zusammenhängend, mit welcher Strategie sie meint, erkannte Inflations- oder Deflationsgefahren verhindern bzw. eindämmen zu können.[90] Denn wenn und soweit sie keinerlei entsprechende Risiken erkennt, bedarf es – zumindest aus ihrer Perspektive – auch keiner geldpolitischen Maßnahmen. Auch und gerade im Hinblick auf die richtige Methode und Strategie einer Zentralbank besteht in der Ökonomie allerdings keine Einigkeit und das ist es wohl letztlich auch, was *George Cooper* mit seiner zu Beginn dieses Kapitels zitierten Aussage zum Ausdruck bringen wollte.[91] Vielmehr entwickelt praktisch jede Zentralbank im Laufe der Zeit[92] ihre eigene „geldpolitische Philosophie", die sich regelmäßig auch als eine Reaktion auf die Besonderheiten des jeweiligen Währungsgebiets präsentiert.[93] So konzentrieren sich einige Zentralbanken einseitig auf eine Steuerung der Geldmenge, indem sie die Leitzinsen verändern, um das Geldmengenwachstum auf eine zuvor bekannt gegebene (und als ideal angesehene)

---

[90] Vgl. zum Folgenden *EZB*, Die Geldpolitik der EZB, S. 74 ff.

[91] Gerade in den letzten Monaten hat die Debatte über die richtige Strategie einer Zentralbank wieder enorm an Fahrt aufgenommen. Diskutiert wird dabei vor allem die Frage, ob und inwieweit das Konzept des „Direct Inflation Targeting" möglicherweise durch andere Konzepte (etwa Steuerung des nominalen Bruttoinlandsprodukts) ergänzt oder abgelöst werden sollte. Zudem wird von einigen Ökonomen eine ganz grundsätzlich stärkere Verknüpfung der Geldpolitik mit der Fiskalpolitik befürwortet. Vgl. dazu *L. Reichlin/R. Baldwin* (Hrsg.), Is Inflation targeting Dead? Central Banking After the Crisis, 2013 sowie den Überblick bei *G. Braunberger*, Neue Ideen in der Geldpolitik, FAZ vom 6. Mai 2013, S. 18.
D. Begg, The Design of EMU, IMF Working Paper 97/99, August 1997, S. 16 weist zudem darauf hin, dass unabhängig von der konkreten geldpolitischen Strategie auch der Transparenz der Zentralbankentscheidungen eine große Bedeutung zukommt.

[92] Die Entwicklung einer solchen Strategie kann durchaus einige Jahre dauern, vgl. etwa die Darstellung bei *W. Heun*, Die Zentralbank in den USA – das Federal Reserve System, Staatswissenschaften und Staatspraxis 9 (1998), 241 (249 ff.) zum Vorgehen der amerikanischen Fed.

[93] Vgl. auch *G. Cooper*, The Origin of Financial Crisis, S. 22 ff. zur unterschiedlichen Strategie der EZB und der Fed. Allgemein auch *K.-H. Moritz*, Geldtheorie und Geldpolitik, S. 259 ff. Ein geschichtlicher Überblick findet sich bei *O. Issing/V. Wieland*, Monetary Theory and Monetary Policy: Reflections on the development over the last 150 years, CFS Working Paper No. 2012/20.

Rate zu beschleunigen oder zu verlangsamen.[94] Demgegenüber betreiben andere Zentralbanken eine gerade in den letzten zwanzig Jahren sehr in Mode gekommene sogenannte direkte Inflationssteuerung,[95] wonach geldpolitische Entscheidungen nicht an der Geldmenge oder sonstigen herausgehobenen Variablen ausgerichtet werden; entscheidend ist vielmehr die konkrete Inflationsentwicklung in Relation zu einem vorab veröffentlichten Inflationsziel, auf die dann unmittelbar mit geldpolitischen Maßnahmen reagiert wird.[96] Im Mittelpunkt der geldpolitischen Analyse und Diskussion von Zentralbanken mit dieser Strategie steht mithin ihre eigene Inflationsprognose; auf Abweichungen vom festgelegten Inflationsziel wird in der Konsequenz vergleichsweise mechanisch mit entsprechenden geldpolitischen Entscheidungen reagiert. Angesichts dieser bestehenden ökonomischen Uneindeutigkeiten und nicht zuletzt der Besonderheiten der Eurozone als einem in ihrer Konstruktion wohl einzigartigen Währungsgebiet erweist es sich aus rechtlicher Perspektive daher als nicht zu beanstanden, dass auch die EZB ihre eigene spezifische Philosophie entwickelt hat,[97] die sich gewissermaßen als eine Kombination der beiden genannten Strategien ansehen lässt und die von der EZB selbst als „Zwei-Säulen-Ansatz" bezeichnet wird.[98] Ohne Weiteres zulässig wäre aber auch ein Wechsel zu einer reinen Geldmengensteuerung

---

[94] Insbesondere die Deutsche Bundesbank verfolgte vor Beginn der Währungsunion ein entsprechendes Geldmengenziel.

[95] Zur Entwicklung des Konzepts M. King, Twenty Years of inflation targeting, The Stamp Memorial Lecture, S. 3 f. L. Reichlin/R. Baldwin, Introduction, in: L. Reichlin/R. Baldwin, Is Inflation targeting Dead? Central Banking After the Crisis, S. 10 (10) gehen davon aus, dass „inflation targeting had become the de facto standard framework for monetary policy" (vor der Krise). Ähnlich M. Carney, Monetary Policy After the Fall, Eric J. Hanson Memorial Lecture, S. 4 ("best possible monetary policy framework").

[96] Zu den einzelnen Elementen der direkten Inflationssteuerung M. Carney, Monetary Policy After the Fall, Eric J. Hanson Memorial Lecture, S. 6 f. Zu den unterschiedlichen geldpolitischen Strategien E. Görgens/K. Ruckriegel/F. Seitz, Europäische Geldpolitik, S. 115 ff. Speziell zu den unterschiedlichen „Philosophien" der Federal Reserve und der EZB G. Cooper, The Origin of Financial Crises, S. 22 ff.

[97] Welche Strategie von der EZB verfolgt werden sollte, war daher auch umstritten, vgl. etwa die damaligen Vorschläge bei D. Begg, The Design of EMU, IMF Working Paper 97/99, August 1997, S. 11 ff.

[98] Vgl. H. James, Making of the European Monetary Union, S. 390. Sonstige zweistufige Strategien (etwa Wechselkursorientierung oder nominale BIP-Steuerung) kommen für die Eurozone richtigerweise ebenso wenig in Betracht wie der Multi-Indikatoren-Ansatz der Fed, vgl. E. Görgens/K. Ruckriegel/F. Seitz, Europäische Geldpolitik, S. 173. Siehe auch W. Heun, Die Europäische Zentralbank in der Europäischen Währungsunion, in: K. Beckmann/J. Dieringer/U. Hufeld, Eine Verfassung für Europa, S. 403 (414).

oder zur direkten Inflationssteuerung und zwar ganz unabhängig davon, ob man dies als ökonomisch sinnvoll ansehen wollte oder nicht;[99] vertragliche Vorgaben hinsichtlich der Strategie bestehen jedenfalls nicht.[100]

2. Der „Zwei-Säulen-Ansatz" der EZB

Im Rahmen des „Zwei-Säulen-Ansatzes" der EZB[101] erfolgt unter Festsetzung eines konkreten Inflationsziels (s.o.) im Rahmen der ersten Säule zunächst eine umfassende wirtschaftliche Analyse, die sich vor allem auf die Beurteilung der aktuellen konjunkturellen und finanziellen Entwicklung sowie der sich daraus ergebenden kurz- bis mittelfristigen Risiken für die Preisstabilität konzentriert.[102] Neben einer genauen Untersuchung der gesamtwirtschaftlichen Produktion, der Nachfrage und ihrer Komponenten, der Finanzpolitik, der Kapital- und Arbeitsmarktbedingungen, weiterer Preis- und Kostenindikatoren, der Entwicklung des Wechselkurses, der Weltwirtschaft, der Zahlungsbilanz und der Finanzmärkte berücksichtigt die EZB dabei – wie dargelegt – auch die Entwicklung der Preise für Vermögenswerte, woraus sich nicht zuletzt Erkenntnisse über die Erwartungen an den Finanzmärkten und damit die künftige Preisentwicklung gewinnen lassen. Die EZB bezieht die relevanten Daten und Informationen aus unterschiedlichen auch externen Quellen und Prognosemodellen, betont dabei freilich zu Recht, dass sie sich letztlich stets ein eigenes Bild von der Belastbarkeit der auf verschiedensten Modellen beruhenden Prognosen bildet, um daraus die eigenen Schlüsse zu ziehen. Mit ihrer Stellung als unabhängige Behörde wäre es im Ergebnis auch kaum vereinbar, wenn sie sich im Hinblick auf die Bewertung bestehender Inflationsrisiken vollständig auf externe Expertisen verlassen würde, was andererseits nicht bedeutet, dass die EZB stets zu einer gänzlich anderen Einschätzung kommen müsste.[103]

---

[99] Vgl. dazu *E. Görgens/K. Ruckriegel/F. Seitz*, Europäische Geldpolitik, S. 171 ff.

[100] *H. Remsperger*, Geldpolitik der EZB: Strategie und Instrumente, in: J. H. v. Stein, Handbuch Euro, S. 55 (56): „Die Antwort auf die Frage nach dem Oberziel gibt der Vertrag von Maastricht [...]. Unklar ist aber noch, wie die geldpolitische Strategie auf der Zwischenzielebene aussehen soll."

[101] Dazu auch *K.-H. Moritz*, Geldtheorie und Geldpolitik, S. 333 ff.

[102] *EZB*, Die Geldpolitik der EZB, S. 77. Dazu auch *H.-P. Spahn*, Geldpolitik, S. 231 ff.

[103] Vgl. *EZB*, Die Geldpolitik der EZB, S. 86: „Der EZB-Rat übernimmt weder die Verantwortung für die Expertenprojektionen noch verwendet er sie als einziges Instrument zur Strukturierung und Kommunikation seiner Einschätzung."

Im Rahmen der zweiten Säule wird diese umfassende wirtschaftliche durch eine monetäre Analyse mit einem Referenzwert für die Wachstumsrate der Geldmenge M3 ergänzt.[104] Diesem Ansatz liegt die weithin unumstrittene prinzipielle Beziehung zwischen dem Geldmengenwachstum und der Inflation zu Grunde, die auch unter der Überschrift „Neutralität des Geldes" diskutiert wird.[105] Der Referenzwert, den die EZB in diesem Zusammenhang für das mittel- bis langfristige M3-Wachstum anstrebt, ist dabei weder ökonomisch noch normativ präzise vorgegeben. Die EZB orientiert sich am prognostizierten langfristigen Wirtschaftswachstum in der Eurozone, der angestrebten Teuerungsrate sowie der Veränderungen der Geldumlaufgeschwindigkeit.[106] Dabei geht die EZB aufgrund langfristiger Studien davon aus, dass das durchschnittliche jährliche Wachstum des Produktionspotenzials in der Eurozone bei ca. 2–2,5 % liegt. Unter Berücksichtigung der angestrebten Teuerungsrate von 2 % (s.o.) sowie eines empirisch ermittelten trendstabilen Rückgangs der Umlaufgeschwindigkeit des Geldes zwischen 0,5–1 % beträgt der von der EZB errechnete M3–Referenzwert seit 1999 4,5 %. Gegen diese Punktwertangabe[107] ist aus normativer Sicht nichts einzuwenden.

3. Die Entscheidung über den Einsatz der zur Verfügung stehenden Instrumente

Welche konkreten Schlüsse die EZB aus den mit Hilfe des Zwei-Säulen-Ansatzes ermittelten Daten zieht, ist erneut weder rechtlich noch ökonomisch vorgegeben. Es bestehen also weder hinsichtlich des „Ob" noch hinsichtlich des „Wie" der Reaktion der EZB auf bestimmte Daten strikte „per-se-Regelungen" oder sonstige konditionale „Wenn-dann-Beziehungen".[108] Zwar finden sich in der ökonomischen Literatur durch-

---

[104] Zur Geldmengenkonzeption des Eurosystems nur O. *Issing*, Einführung in die Geldtheorie, S. 10 ff.

[105] Vgl. *Görgens/K. Ruckriegel/F. Seitz*, Europäische Geldpolitik, S. 287 f.; O. *Issing*, Einführung in die Geldtheorie, S. 119 ff.; *EZB*, Die Geldpolitik der EZB, S. 59 f.

[106] Allgemein zur Geldmengenstrategie E. *Görgens/K. Ruckriegel/F. Seitz*, Europäische Geldpolitik, S. 145 ff.

[107] Anders als die EZB gab die Bundesbank vor Beginn der Währungsunion hinsichtlich ihrer Geldmengenziele lediglich einen Zielkorridor bzw. eine Bandbreite an. Das Vorgehen der EZB wird vor dem Hintergrund der besonderen Unsicherheiten bei der Bestimmung der Geldmenge M3 gerade im Eurogebiet aus ökonomischer Perspektive bisweilen kritisiert, vgl. E. *Görgens/K. Ruckriegel/F. Seitz*, Europäische Geldpolitik, S. 192, was an der rechtlichen Zulässigkeit jedoch nichts ändert.

[108] Vgl. auch F. *Capie/C. Goodhart/S. Fischer/N. Schnadt*, The development of central banking, in: F. Capie/C. Goodhart/S. Fischer/N. Schnadt, The Future of

aus Stimmen, die sich für mehr oder weniger strikte geldpolitische Regeln in diesem Sinne aussprechen[109] – prominentestes Beispiel stellt neben der Verpflichtung auf ein strenges und bestimmtes Geldmengenwachstum wohl die auf *John B. Taylor* zurückgehende Taylor-Regel dar[110] –, doch werden diese Ansätze angesichts der Komplexität der wirtschaftlichen Verhältnisse und der Unterschiedlichkeit der jeweiligen Währungsräume[111] von keiner Zentralbank in einem strengen Sinne herangezogen.[112] Auch *John B. Taylor* verstand seine Regel insoweit eher als Orientierungsgröße für mögliche Zinsanpassungen, aber nicht als zwingend und zu jeder Zeit zu beachtende Handlungsanweisung.[113] Auch die EZB betont insoweit, dass eine Abweichung des M3–Wachstums vom Referenzwert nicht automatisch zu einer geldpolitischen Reaktion führe. Vielmehr bedürfe es zunächst einer Analyse, ob und inwieweit dieser Effekt auf eher temporäre oder länger anhaltende Faktoren zurückzuführen

---

Central Banking, S. 1 (81 ff.). Vgl. auch *W. Heun*, Die Zentralbank in den USA – das Federal Reserve System, Staatswissenschaften und Staatspraxis 9 (1998), 241 (262 f.).

[109] Dazu auch *K.-H. Moritz*, Geldtheorie und Geldpolitik, S. 235 ff.

[110] *J. B. Taylor*, Discretion versus Monetary Policy Rules in Practice, Carnegie Rochester Conference Series on Public Policy, Vol. 39 (1993), 195 ff. Die ursprüngliche Taylor-Regel empfahl folgendes Vorgehen für eine Zentralbank: Steigt die Inflationsrate um 1 Prozentpunkt über das Inflationsziel, dann ist der kurzfristige Zinssatz um 1,5 Prozentpunkte zu erhöhen. Fällt das tatsächliche reale (Brutto-) Inlandsprodukt um 1 Prozentpunkt unter das potenzielle, dann ist der kurzfristige Zinssatz um 0,5 Prozentpunkte zu senken. Die Regel verzichtet freilich auf ein Zinsglättungsmotiv und setzt zudem voraus, dass die erforderlichen Daten (insbesondere im Hinblick auf das Produktionspotenzial) möglichst genau („in Echtzeit") erfasst werden können, was gerade für den Euroraum kaum möglich ist. Siehe dazu auch *E. Görgens/K. Ruckriegel/F. Seitz*, Europäische Geldpolitik, S. 253 ff.

[111] Vgl. auch *O. Issing/V. Wieland*, Monetary Theory and Monetary Policy: Reflections on the development over the last 150 years, CFS Working Paper No. 2012/20, S. 22: „Monetary policy is always conducted in an environment with many sources of uncertainty."

[112] Zur Kritik auch *E. Görgens/K. Ruckriegel/F. Seitz*, Europäische Geldpolitik, S. 256 f. Siehe auch *F. Capie/C. Goodhart/S. Fischer/N. Schnadt*, The development of central banking, in: F. Capie/C. Goodhart/S. Fischer/N. Schnadt, The Future of Central Banking, S. 1 (85): „Given the continuing rapid pace of the evolution of such structures, central banks will rightly aim to retain their discretionary flexibility."

[113] *J. B. Taylor*, Discretion versus Monetary Policy Rules in Practice, Carnegie Rochester Conference Series on Public Policy, Vol. 39 (1993), 195 (208): „As stated in the introduction of this paper, operating monetary policy by mechanically following a policy rule like equation 1 is not practical." Ähnlich auch aaO, S. 213. Siehe auch *H.-J. Jarchow*, Grundriss der Geldpolitik, S. 28. Allerdings hat sich Taylor unlängst wieder sehr für eine stärker auf Regeln beruhende Geldpolitik stark gemacht, vgl. *J. B. Taylor*, Monetary Policy Rules Work and Discretion Doesn't: A Tale of Two Eras, Journal of Money, Credit and Banking, Vol. 44 (2012), 1017 ff.

sei.¹¹⁴ Und auch im Übrigen bedürfe es stets einer wechselseitigen Überprüfung der aus der eher kürzerfristigen wirtschaftlichen Analyse und der eher längerfristigen monetären Analyse stammenden Hinweise.¹¹⁵ Normativ lässt sich der der EZB zur Verfügung stehende Spielraum beim Einsatz der einzelnen Instrumente insofern kaum sinnvoll begrenzen.¹¹⁶ Das Recht stößt hier aufgrund der Komplexität der Verhältnisse und dem Fehlen eindeutiger Kausalbeziehungen, die eine klare Verantwortlichkeit der Zentralbank für konkrete Preissteigerungsraten begründen könnten, damit ein Stück weit an Regelungsgrenzen. Das mag auf den ersten Blick bedauerlich erscheinen. Tatsächlich hat sich aber sowohl bei der Bundesbank als auch bei der EZB gezeigt, dass die Notenbanker mit der damit einhergehenden Verantwortung jedenfalls bisher in angemessener Weise umgegangen sind. Normativ lässt sich einem (politisch) unerwünschten Vorgehen der EZB aufgrund von dieser ermittelter Inflationsgefahren insofern kaum beikommen. Ändern ließe sich dies nur durch die Aufgabe der unabhängigen Stellung der Zentralbank¹¹⁷ und die Integration in das zuständige Finanzministerium. Dieser Schritt indes wäre sicherlich sehr viel bedrohlicher als der aktuell bestehende und normativ weite Handlungsspielraum der EZB.

C. Die unabhängige Stellung der EZB¹¹⁸

Nach Art. 130 S. 1 AEUV¹¹⁹ darf weder die EZB noch eine nationale Zentralbank Weisungen von Organen, Einrichtungen oder sonstigen Stellen der Union, Regierungen der Mitgliedstaaten oder anderen Stellen einholen oder entgegennehmen. Die Organe, Einrichtungen oder sonstigen Stellen der Union sowie die Regierungen der Mitgliedstaaten ver-

---

¹¹⁴ *EZB*, Die Geldpolitik der EZB, S. 87.
¹¹⁵ *EZB*, Die Geldpolitik der EZB, S. 90.
¹¹⁶ Vgl. auch *W. Heun*, Die Europäische Zentralbank in der Europäischen Währungsunion, in: K. Beckmann/J. Dieringer/U. Hufeld, Eine Verfassung für Europa, S. 403 (415): „Durch diesen Multiplikatorenansatz wird sehr zum Missfallen vor allem der Monetaristen letztlich die Flexibilität der Zentralbank gestärkt, ihre Kontrollierbarkeit mangels klarer Parameter aber eher geschwächt."
¹¹⁷ Vgl. Art. 130 und Art. 282 Abs. 3 AEUV. Zur Entstehungsgeschichte auch *H. James*, Making the European Monetary Union, S. 270 ff.
¹¹⁸ Dazu auch *W. Heun*, Die Europäische Zentralbank in der Europäischen Währungsunion, in: K. Beckmann/J. Dieringer/U. Hufeld, Eine Verfassung für Europa, S. 403 (421 ff.).
¹¹⁹ Eine inhaltsgleiche Regelung findet sich in Art. 7 der Satzung der EZB.

pflichten sich nach Art. 130 S. 2 AEUV im Gegenzug, diesen Grundsatz zu beachten und nicht zu versuchen, die Mitglieder der Beschlussorgane der EZB oder einer nationalen Zentralbank bei der Wahrnehmung ihrer Aufgaben zu beeinflussen. In Art. 282 Abs. 3 AEUV wird diese unabhängige Stellung der EZB noch einmal ausdrücklich aufgeführt und in Art. 131 AEUV auch auf die nationalen Zentralbanken erstreckt.[120] Dass einer Zentralbank eine solche (politische) Unabhängigkeit bei der Wahrnehmung ihres Mandats eingeräumt wird, „ist keine Selbstverständlichkeit".[121] Tatsächlich spricht aus demokratietheoretischer Sicht[122] sehr viel mehr dafür, eine so bedeutende Institution wie eine Zentralbank eng an die Regierung zu binden, um sie auf diese Weise in den direkten Kontrollbereich des unmittelbar demokratisch legitimierten Parlaments zu überführen.[123] Wenngleich auf europäischer Ebene keine Regierung im klassisch staatsrechtlichen Sinne besteht,[124] wäre es insofern gleichwohl jedenfalls möglich gewesen, die EZB zumindest der Kontrolle des Rates oder der Kommission zu unterwerfen.[125] Dass sich Art. 130 AEUV

---

[120] Vgl. *T. Oppermann/C. Classen/M. Nettesheim*, Europarecht, § 19, Rn. 19. Dieses Erfordernis gilt dabei für alle mitgliedstaatlichen Zentralbanken und nicht nur diejenigen der Eurozone. Eine Ausnahme gilt lediglich für das Vereinigte Königreich, vgl. *U. Häde*, in: C. Calliess/M. Ruffert, EUV/AEUV, Art. 131 AEUV, Rn. 1. Zur Situation bei der amerikanischen Fed siehe *W. Heun*, Die Zentralbank in den USA – das Federal Reserve System, Staatswissenschaften und Staatspraxis 9 (1998), 241 (259 ff.).

[121] *H.-J. Jarchow*, Grundriss der Geldpolitik, S. 2.

[122] Für eine solche Anbindung spricht nicht zuletzt die im Demokratie- und Rechtsstaatsprinzip wurzelnde Wesentlichkeitstheorie. Siehe zu dieser *H. Dreier*, in: H. Dreier, Grundgesetz Band II, Art. 20 (Demokratie), Rn. 120 sowie *H. Schulze-Fielitz*, in: H. Dreier, Grundgesetz Band II, Art. 20 (Rechtsstaat), Rn. 113 ff.

[123] *U. Häde*, in: C. Calliess/M.Ruffert, EUV/AEUV, Art. 130 AEUV, Rn. 1. Vgl. auch *C. Gaitanides*, Das Recht der Europäischen Zentralbank, S. 199: „Das Prinzip einer unabhängig organisierten Zentralbank steht in einem Spannungsverhältnis zum Demokratieprinzip." Speziell zur demokratischen Legitimation der Deutschen Bundesbank vor Eintritt in die Währungsunion siehe *F. Brosius-Gersdorf*, Deutsche Bundesbank und Demokratieprinzip, 1997. Zur EZB *B. Dutzler*, Der Status des ESZB aus demokratietheoretischer Sicht, Der Staat 41 (2002), 495 ff. sowie ausführlich *C. Gaitanides*, Das Recht der Europäischen Zentralbank, S. 199 ff.

[124] Zu den Organen und Institutionen der EU siehe nur *A. Thiele*, Europarecht, S. 64 ff.

[125] Nach Art. 284 Abs. 3 AEUV besteht allerdings die Pflicht der EZB, dem Europäischen Parlament, dem Rat, der Kommission sowie dem Europäischem Rat einen Jahresbericht über die Tätigkeit des ESZB und die Geld- und Währungspolitik zu unterbreiten. Die EZB muss ihre Politik mithin der Öffentlichkeit erläutern und ihre Vorgehensweise im Einzelnen rechtfertigen. Der Bericht wird dem Rat und dem Europäischen Parlament vom Präsidenten der EZB vorgelegt; das Europäische Parlament kann dann auf dieser Grundlage eine allgemeine Aussprache durchführen. Dieses Erfordernis zur Transparenz führt jedenfalls dazu, dass sich die Geldpoli-

trotz dieser gewichtigen demokratietheoretischen Gründe für die Unabhängigkeit[126] entschieden hat, war denn im Rahmen der Verhandlungen, die letztlich zur Währungsunion geführt haben, auch keineswegs unumstritten.[127] Dieser normativen Entscheidung liegt freilich die heute kaum mehr in Frage gestellte Korrelation zwischen Zentralbankunabhängigkeit und mittel- bis langfristiger Inflationsrate zugrunde, die in den 80er Jahren des letzten Jahrhunderts anhand zahlreicher Beispiele empirisch belegt wurde.[128] Nicht zuletzt das erfolgreiche Agieren der Deutschen Bundesbank spielte hier eine maßgebliche Rolle. Dass zumindest eine auf Preis(niveau)stabilität ausgerichtete Zentralbank daher eine von der Politik unabhängige Stellung genießen muss,[129] entwickelte sich anschließend bereits in den 90er Jahren – und damit zu dem für die Errichtung der EZB entscheidenden Zeitpunkt – zum vorherrschenden ökonomischen Dogma[130] (wenngleich über die Anforderungen an diese Unabhängigkeit und deren Umfang – etwa im Hinblick auf die Zulässigkeit von Regierungsvertretern im Entscheidungsgremium der Zentralbank – bis heute

---

tik nicht gänzlich außerhalb parlamentarischer und öffentlicher Kontrolle bewegen kann. Ohnehin hat die EZB – wie alle Zentralbanken – ein großes Interesse daran, ihre geldpolitische Philosophie und die einzelnen getroffenen Entscheidungen zu erläutern und zu begründen, um auf diese Weise das Vertrauen der Marktteilnehmer in ihre geldpolitischen Fähigkeiten zu erhalten. Über die Berichtspflichten hinaus können der Präsident der EZB und die anderen Mitglieder des Direktoriums (nicht jedoch die nationalen Zentralbankpräsidenten) auf Ersuchen des Europäischen Parlaments oder auf eigene Initiative hin von den zuständigen Parlamentsausschüssen gehört werden.

[126] Zu den unterschiedlichen Ausprägungen dieser Unabhängigkeit vgl. *C. Gaitanides*, Das Recht der Europäischen Zentralbank, S. 41 ff.

[127] Vgl. dazu *H. James*, Making the European Monetary Union, S. 278 ff.; *H. Hahn/U. Häde*, Währungsrecht, § 20, Rn. 2.

[128] Vgl. *V. Grilli/D. Masciandaro/G. Tabellini*, Political and monetary institutions and public financial policies in the industrial countries, Economic Policy 13 (1991), 342 (373 ff.). Siehe auch die Tabelle bei *H.-J. Jarchow*, Grundriss der Geldpolitik, S. 5.

[129] Siehe auch *C. Gaitanides*, Das Recht der Europäischen Zentralbank, S. 40: „Eine unabhängige Zentralbank ist, wenn auch keine hinreichende, so doch eine notwendige Bedingung für Geldwertstabilität."

[130] *L. Reichlin/R. Baldwin*, Introduction, in: L. Reichlin/R. Baldwin, Is Inflation targeting Dead? Central Banking After the Crisis, S. 10 (12 f.). Siehe auch *M. Carney*, Monetary Policy After the Fall, Eric J. Hanson Memorial Lecture, S. 6. Seit der Finanzkrise 2007/2008 wird über die richtige institutionelle Stellung einer Zentralbank in der Ökonomie allerdings erneut nachgedacht, vgl. *O. Issing*, A New Paradigm for Monetary Policy?, CFS Working Paper No. 2013/02, S. 11 ff. Für die EZB ist diese Diskussion aus normativer Sicht allerdings bis zu einer Änderung der Unionsverträge unerheblich.

keine Einigkeit herrscht):¹³¹ „The 1990s saw the emergence of a new philosophy of central banking, in which independence of central banks from the political process became a core component of the culture of monetary stability."¹³²

Als Grund für diesen zunächst einmal empirisch ermittelten Zusammenhang zwischen erhöhten Inflationsraten und Zentralbankunabhängigkeit wird dabei vornehmlich das gesteigerte Interesse politischer Entscheidungsträger an eher kurzfristigen expansiven (und damit die Inflation fördernden) geldpolitischen Maßnahmen¹³³ – etwa zur Budgetfinanzierung¹³⁴ – angegeben, dem allein durch eine unabhängige Stellung der Zentralbank effektiv entgegengewirkt werden kann.¹³⁵ Eine potenziell höhere Inflationsrate kann ohne eine solche unabhängige Stellung nämlich unter Umständen selbst dann nicht verhindert werden, wenn die zuständigen politischen Entscheidungsträger von solch expansiven Maßnahmen bewusst absehen. Denn schon die Tatsache, dass solche Maßnahmen – möglicherweise zunächst auch unentdeckt – prinzipiell jederzeit denkbar sind, begründet für sich genommen erhöhte Inflationserwartungen der Marktteilnehmer, die sich zumin-

---

[131] An den Sitzungen des EZB-Rates können nach Art. 284 AEUV der Präsident des Rates und ein Mitglied der Kommission ohne Stimmrecht teilnehmen. Dieses Teilnahmerecht dient allein Informations- und Koordinationszwecken und stellt insofern keine Gefährdung der Unabhängigkeit der EZB dar. Insbesondere für eine (notwendige) Koordination der Geldpolitik auf der einen und der Wirtschafts- und Fiskalpolitik auf der anderen Seite erweist sich eine solche gegenseitige Information und Beratung als sinnvoll, vgl. *W. Heun*, Die Europäische Zentralbank in der Europäischen Währungsunion, in: K. Beckmann/J. Dieringer/U. Hufeld, Eine Verfassung für Europa, S. 403 (422). Da die Fiskal- und Wirtschaftspolitik freilich zu einem Großteil in der Kompetenz der Mitgliedstaaten liegt, erweist sich das Anwesenheitsrecht des Ratspräsidenten und des Kommissionsmitglieds zwangsläufig nur als bedingt zielführend. Selbstverständlich unterliegen auch der Ratspräsident und das Kommissionsmitglied im Übrigen der sich aus Art. 10.4 der Satzung ergebenden Verschwiegenheitsverpflichtung.

[132] *H. James*, Making the European Monetary Union, S. 265. Nicht zuletzt von deutscher Seite wurde die Unabhängigkeit daher bereits frühzeitig angemahnt, vgl. *H. James*, aaO, S. 278: „Without inclusion of this principle, the text would have been unacceptable to Germany."

[133] Siehe auch *O. Issing*, A New Paradigm for Monetary Policy?, CFS Working Paper No. 2013/02, S. 13.

[134] Denn auf diesem Wege können sowohl Ausgabeneinschränkungen als auch Steuererhöhungen vermieden werden, was für Politiker nicht zuletzt aber vor allem in Wahlkampfzeiten besonders attraktiv erscheint. Siehe auch *H. Hahn/U. Häde*, Währungsrecht, § 20, Rn.1.

[135] *Deutsche Bundesbank*, Stellungnahme gegenüber dem Bundesverfassungsgericht vom 21. Dezember 2012, S. 12. Vgl. auch *M. Blyth*, Austerity, S. 38.

dest mittelfristig in einer tatsächlich erhöhten Preissteigerung bemerkbar machen können.

Aus normativer Perspektive und insbesondere bei der normativen Bewertung von der EZB ergriffener Maßnahmen ist freilich weniger diese (weitestgehend unumstrittene) ökonomische Begründung der Unabhängigkeit von Interesse als vielmehr die Tatsache, dass eine solchermaßen (normativ) begründete Unabhängigkeit keineswegs mit (faktischer) Beziehungslosigkeit verwechselt werden darf. Zwischen „politischer" Fiskal- und Wirtschaftspolitik auf der einen und „unabhängiger" Geldpolitik auf der anderen Seite bestehen vielmehr zahlreiche Verknüpfungen und Überschneidungen, die dazu führen können, dass Entscheidungen jeweils nicht ohne Berücksichtigung der Auswirkungen auf den jeweils anderen Bereich getroffen werden können bzw. sollten.[136] Die Tatsache, dass verfehlte wirtschafts- oder fiskalpolitische Entscheidungen insoweit auch zu einer bestimmten (faktischen) Reaktion der Zentralbank führen können, indem diese auf Zinsentwicklungen und sonstige darin begründete Turbulenzen (in Verfolgung ihres geldpolitischen Mandats) reagiert, ist spätestens seit der Finanz- und Eurokrise offensichtlich, begründet dadurch aber gerade noch keinen Verstoß gegen die in Art. 130 und 282 Abs. 3 AEUV normierte normative Unabhängigkeit, solange die Entscheidungen der Zentralbank stets und zu jedem Zeitpunkt im Übrigen in völliger Autarkie getroffen werden. Auch aus Art. 123 Abs. 1 AEUV lässt sich insoweit (wie soeben dargelegt) nicht die Intention des AEU-Vertrages entnehmen, Geldpolitik auf der einen und Fiskal- und Wirtschaftspolitik auf der anderen Seite vollständig voneinander abzukoppeln. Die denkbaren und nunmehr auch der breiten Öffentlichkeit sichtbaren Probleme einer unabgestimmten Geld- und Fiskalpolitik sind vielmehr der Grund dafür, dass immer vehementer für eine Übertragung fiskalpolitischer Kompetenzen auf die europäische Ebene plädiert wird, um so eine bessere Abstimmung dieser beiden Bereiche zu ermöglichen[137] – freilich

---

[136] Zu diesen Zusammenhängen ausführlich *E. Görgens/K. Ruckriegel/F. Seitz*, Europäische Geldpolitik, S. 369 ff., die insoweit ausdrücklich von den möglichen „Störpotenziale[n]" für die Geldpolitik sprechen sowie *H.-P. Spahn*, Geldpolitik, S. 238 ff. Siehe auch *R. Ohr*, Gesamtwirtschaftliche Risiken der Europäischen Währungsunion, in: J. H. v. Stein, Handbuch Euro, S. 15 (25): „Selbst wenn eine Notenbank formal weitgehend unabhängig ausgestaltet worden ist, bleibt sie zudem doch gewissen faktischen – vor allem gesellschaftlichen – Einflüssen auf ihre Geldpolitik unterworfen."
[137] Vgl. *C. Calliess*, Finanzkrisen als Herausforderung der internationalen, europäischen und nationalen Rechtsetzung, VVDStRL 71 (2012), 113 (163 ff.) sowie *K. A. Konrad/H. Zschäpitz*, Schulden ohne Sühne?, S. 200 ff.

ohne dadurch an der Unabhängigkeit der EZB als solcher rütteln zu wollen. Die faktischen Verknüpfungen zwischen diesen beiden Bereichen bestehen sozusagen unabhängig von der (normativen) Unabhängigkeit.

Kapitel 3

Die rechtliche Zulässigkeit der im Rahmen der Staatsschuldenkrise ergriffenen Maßnahmen

> „Denn ein Erwerb von Staatsanleihen am Sekundärmarkt durch die Europäische Zentralbank, der auf von den Kapitalmärkten unabhängige Finanzierung der Haushalte der Mitgliedstaaten zielte, ist als Umgehung des Verbotes monetärer Haushaltsfinanzierung ebenfalls untersagt."
> *ESM-Urteil des Bundesverfassungsgerichts*[1]

Im Zusammenhang mit der Staatsschuldenkrise hat die EZB zahlreiche „unkonventionelle" Maßnahmen ergriffen,[2] die in der Öffentlichkeit nicht nur heftig kritisiert, sondern zudem als Überschreitung ihres normativen Mandats und bisweilen auch als Verletzung ihrer unabhängigen Stellung angesehen wurden.[3] Dies betrifft erstens den Ankauf von Staatsanleihen krisengeschüttelter Mitgliedstaaten (A), zweitens die Annahme entsprechender Anleihen als notenbankfähige Sicherheiten (B) sowie drittens die Ausweitung der Geldbasis durch die „longer-term refinancing operations" (C). Die im ersten Kapitel ebenfalls erwähnte Herabsetzung des Leitzinses sowie die Halbierung der Mindestreservepflicht werden im Folgenden hingegen nicht näher beleuchtet. Das liegt freilich nicht an deren Bedeutungslosigkeit – gerade die Zinssenkung könnte zumindest mittelfristig sehr viel weitreichendere volkswirtschaftliche Auswirkungen haben als die hier untersuchten Maßnahmen – als daran, dass jedenfalls die rechtliche Zulässigkeit dieser „klassischen" geldpolitischen

---

[1] BVerfG, 2 BvR 1390/12 vom 12.9.2012, Rn. 278.
[2] Überblick über die Maßnahmen auch anderer Zentralbanken bei *D. Cobham*, The past, present and future of central banking, Heriot-Watt University, Preliminary Draft, April 2012, S. 9 ff.
[3] Grundsätzlich ist freilich zu betonen, dass die Finanz- und Staatsschuldenkrise die Geldpolitik insgesamt heftig durcheinandergewirbelt hat, vgl. *C. Borio*, Central banking post-crisis: What compass for uncharted waters?, BIS Working Papers No 353, September 2011, S. 1: „Central banking will never be quite the same again after the global financial crisis."

Maßnahmen (und allein um diese geht es in dieser Untersuchung) von keiner Seite ernsthaft bestritten wird.

A. Der Ankauf von Staatsanleihen krisengeschüttelter Staaten

I. Die Ankaufprogramme der EZB im Zusammenhang mit der Staatsschuldenkrise

Im Mai 2010 beschloss der EZB-Rat (im Zusammenhang mit der Errichtung des sog. Rettungsschirms durch die Euro-Mitgliedstaaten) erstmals die Einführung eines speziellen Programms für die Wertpapiermärkte, das sogenannte Securities Market Programme (SMP).[4] Nach Art. 1 dieses Beschlusses war es den Zentralbanken des Eurosystems fortan ausdrücklich gestattet, börsengängige Schuldtitel der Euro-Mitgliedstaaten – also insbesondere deren Anleihen – endgültig zu erwerben. Besondere Zulassungskriterien galten nach Art. 2 des Beschlusses jedenfalls nicht für die Staatsanleihen der Eurostaaten.[5] Die EZB begründete diesen Beschluss mit einer Störung des geldpolitischen Transmissionsmechanismus.[6] Tatsächlich wurden in der Folge Anleihen aus Griechenland, Portugal und Irland erworben und zunächst auch gehalten, gegen Ende des Jahres 2010 gingen die Ankäufe jedoch stark zurück, um im August 2011 – allerdings nunmehr vornehmlich mit spanischen und italienischen Anleihen – wieder aufgenommen zu werden.[7] Am 21.2.2013 veröffentlichte die EZB – wohl im Zusammenhang mit der Wahl in Italien – erstmals, in welchem Umfang sie in Rahmen des SMP tatsächlich Staatsanleihen der einzelnen Mitgliedstaaten erworben hat.[8] Danach hielt sie zum 31.12.2012 Anlei-

---

[4] Beschluss der EZB vom 14.5.2010 zur Einführung eines Programms für die Wertpapiermärkte, EZB 2010/5, Abl. EU vom 20.5.2010 Nr. L 124/8.

[5] Demgegenüber mussten die ebenfalls in Art. 1 des Beschlusses genannten börsengängigen Schuldtitel von privaten Rechtspersonen mit Sitz im Euro-Währungsgebiet die in den geldpolitischen Leitlinien genannten Voraussetzungen im Hinblick auf deren Bonität erfüllen.

[6] Vgl. Erwägungsgrund 3 des Beschlusses: „Ziel des Programms ist es, die Störungen an den Wertpapiermärkten zu beheben und einen angemessenen Transmissionsmechanismus wiederherzustellen."

[7] Dazu *H. Siekmann*, Missachtung rechtlicher Vorgaben des AEUV durch die Mitgliedstaaten und die EZB in der Schuldenkrise, Institute for Monetary and Financial Stability, Working Paper Series No. 65 (2012), S. 18 f.

[8] Pressemitteilung der EZB vom 21. Februar 2013 – Details on securities holdings acquired under the Securities Markets Programme.

A. Der Ankauf von Staatsanleihen krisengeschüttelter Staaten 59

hen mit einem Gesamtvolumen von 208,7 Mrd Euro aus folgenden Staaten: Italien (99 Mrd. Euro), Spanien (43,7 Mrd. Euro), Griechenland (30,8 Mrd. Euro), Portugal (21,6 Mrd. Euro) sowie Irland (13,6 Mrd. Euro). Die durchschnittliche Restlaufzeit sämtlicher Anleihen lag zu diesem Zeitpunkt bei 4,3 Jahren.

Das SMP wurde schließlich durch Beschluss vom 6. September 2012 eingestellt und durch die „Outright Monetary Transactions" (OMT) abgelöst.[9] Notwendige Voraussetzung solcher (ebenfalls der Sicherung einer ordnungsgemäßen geldpolitischen Transmission und der Einheitlichkeit der Geldpolitik dienender) OMT ist seitdem die mit einem entsprechenden Programm der EFSF bzw. des ESM verbundene strenge und wirksame Konditionalität.[10] Bisher ist es zu entsprechenden Ankäufen von Staatsanleihen von in einem solchen Programm befindlicher Staaten noch nicht gekommen.[11] Der EZB-Rat wird sie jedoch in Erwägung ziehen, „sofern sie aus geldpolitischer Sicht geboten sind und solange die mit den Programmen verbundene Konditionalität vollständig erfüllt ist."[12] Eine Begrenzung der Ankäufe der Menge nach findet sich in dem Beschluss nicht, sie sind insofern „unbegrenzt". Allerdings wird der EZB-Rat die Transaktionen einstellen, „sobald die damit verfolgten Ziele erreicht wurden oder wenn die Nichteinhaltung des makroökonomischen Anpassungsprogramms bzw. des vorsorglichen Programms festzustellen ist."

II. Generelle Zulässigkeit, Bedeutung und Problematik von Anleihekäufen

Mit diesen zwei speziellen Anleiheankauf-Programmen ist zunächst die Frage aufgeworfen, ob es für die EZB aus normativer Sicht grundsätzlich zulässig ist, Staatsanleihen endgültig zu erwerben. Diese Frage ist allerdings vergleichsweise schnell und eindeutig beantwortet: Staatsanleihen stellen börsengängige Wertpapiere dar und können von der Zentralbank

---

[9] Vgl. Pressemitteilung der EZB vom 6. September 2012 – Technical features of Outright Monetary Transactions. Siehe auch *ZSE Editorial Staff*, The European Union in 2012: a Review, ZSE 11 (2013), 128 (130 f.) sowie *Deutsche Bundesbank*, Stellungnahme gegenüber dem Bundesverfassungsgericht vom 21. Dezember 2012, S. 2.
[10] Vgl. auch *Deutsche Bundesbank*, Stellungnahme gegenüber dem Bundesverfassungsgericht vom 21. Dezember 2012, S. 2.
[11] Stand Mai 2013, vgl. Deutsche Bundesbank, Monatsbericht Mai 2013, S. 22. Dementsprechend ist der dazu erforderliche Rechtsakt, der den geldpolitischen Grundsatzbeschluss des EZB-Rats umsetzt, noch nicht erlassen worden, *EZB*, Stellungnahme zu den Verfassungsbeschwerden 2 BvR 1390/12 u.a., S. 18.
[12] Pressemitteilung der EZB vom 6. September 2012 – Technical features of Outright Monetary Transactions.

daher nach Art. 18.1 der Satzung endgültig gekauft oder verkauft werden.¹³ Sonderregelungen gerade für Staatsanleihen finden sich jedenfalls in der Satzung der EZB nicht.¹⁴ Tatsächlich handelt es sich insoweit auch um ein „tradiertes geldpolitisches Instrument",¹⁵ das von den einzelnen Zentralbanken zwar in unterschiedlichem Maße eingesetzt,¹⁶ jedoch von keiner schon als grundsätzlich unzulässig angesehen wird.¹⁷ Die EZB hat entsprechende Ankäufe zwar bisher weitgehend unterlassen und erst in den letzten Jahren größere Mengen an Staatsanleihen erworben. An der prinzipiellen normativen Zulässigkeit derselben ändert dieser Befund jedoch zunächst einmal nichts. Und auch in der ökonomischen Literatur insgesamt wird praktisch nicht bezweifelt, dass der An- und Verkauf von Staatsanleihen mit unterschiedlicher Laufzeit angesichts ihres Einflusses auf das Niveau der Geldmarktzinsen und dasjenige der Mittel- bis Langfristzinsen ein sinnvolles geldpolitisches Instrument sein kann.¹⁸ Umstritten ist allein das konkrete Ausmaß solcher Maßnahmen und insbesondere, ob und inwieweit sich deren Einsatz ausgerechnet in Krisensituationen als zweckmäßig erweist.

Im Hinblick auf die Staatsanleihen krisengeschüttelter Staaten – insbesondere Griechenlands – ließe sich aus normativer Sicht allenfalls die Frage aufwerfen, ob es sich bei diesen noch um börsengängige Wertpa-

---

¹³ *EZB*, Stellungnahme zu den Verfassungsbeschwerden 2 BvR 1390/12 u.a., S. 9. Zu den Nachteilen endgültiger Ankäufe durch eine Zentralbank siehe *C. Herrmann*, Währungshoheit, Währungsverfassung und subjektive Rechte, S. 48.
¹⁴ Auf die Begrenzungen des Art. 123 AEUV wird sogleich eingegangen.
¹⁵ *C. Herrmann*, Die Bewältigung der Euro-Staatsschulden-Krise an den Grenzen des deutschen und europäischen Währungsverfassungsrechts, EuZW 2012, 805 (810). Siehe auch *H. James*, Making of the European Monetary Union, S. 399: „Prohibited by the Maastricht Treaty from the direct purchase of government bonds, it is explicitly allowed to purchase security in the context of normal monetary policy operations."
¹⁶ Auch die Deutsche Bundesbank hat daher zwar selten aber immer wieder und bisweilen auch in erheblichem Umfang deutsche Staatsanleihen erworben, vgl. *Deutsche Bundesbank*, Die Deutsche Bundesbank – Geldpolitische Aufgaben und Instrumente, S. 117. Siehe auch *J. von Hagen*, Geldpolitik auf neuen Wegen, in: Deutsche Bundesbank, Fünfzig Jahre Deutsche Mark, S. 439 (455 f.) sowie *C. Herrmann*, EZB-Programm für die Kapitalmärkte verstößt nicht gegen die Verträge – Erwiderung auf Martin Seidel, EuZW 2010, 521, EuZW 2010, 645 (646).
¹⁷ Das leugnet auch die Bundesbank in ihrer Stellungnahme nicht, vgl. *Deutsche Bundesbank*, Stellungnahme gegenüber dem Bundesverfassungsgericht vom 21. Dezember 2012, S. 11: „Grundsätzlich sind Offenmarktkäufe von Staatsanleihen durch Zentralbanken auch heutzutage nicht unüblich."
¹⁸ Vgl. zuletzt *L. Jácome/M. Matamoros-Indorf/M. Sharma/S. Townsend*, Central Bank Credit to the Government: What Can We Learn from international Practices?, IMF Working Paper 12/16, S. 19.

piere" handelt, wie es Art. 18.1 der Satzung der EZB verlangt. Namentlich *Martin Seidel* hat dies verneint, da die entsprechenden Anleihen angesichts der mit diesen einhergehenden Risiken jedenfalls faktisch nicht (mehr) marktgängig seien.[19] Und tatsächlich gelingt es diesen Staaten aktuell auch nicht mehr, ihre Anleihen am Primärmarkt zu akzeptablen Bedingungen zu platzieren – genau dieser Umstand bildet letztlich ja den Hintergrund für die multinationalen Hilfsprogramme und „Rettungsschirme". Zu berücksichtigen ist allerdings, dass die EZB selbst den Begriff der Börsengängigkeit bisher stets abstrakt bestimmt und nicht von einem tatsächlich bestehenden liquiden Markt hinsichtlich des jeweiligen Wertpapiers abhängig gemacht hat. Entscheidend für die Börsengängigkeit bzw. die Marktfähigkeit ist nach Abschnitt 6.2.1.5 der geldpolitischen Leitlinien der EZB[20] allein, dass die Schuldtitel an einem geregelten Markt im Sinne der Richtlinie 2004/39/EG[21] zum Handel zugelassen sind.[22] Das aber ist bei allen Staatsanleihen von Euromitgliedstaaten der Fall – jedenfalls theoretisch können diese auch weiterhin gehandelt werden, allein die vom Markt vorgegebenen Bedingungen zu denen dies möglich ist, erweisen sich als so unattraktiv, dass der Handel faktisch ausbleibt. Diese von der EZB vorgenommene (ohne Zweifel weite) Konkretisierung des Begriffs der Börsengängigkeit (im Sinne einer formellen Börsengängigkeit) stand bisher nicht in der Kritik, steht im Einklang mit anderen Sprachfassungen[23] und erweist sich als allgemeine Regel auch im Übri-

---

[19] *M. Seidel*, Der Ankauf nicht markt- und börsengängiger Staatsanleihen, namentlich Griechenlands, durch die Europäische Zentralbank und durch nationale Zentralbanken – rechtlich nur fragwürdig oder Rechtsverstoß?, EuZW 2010, 521 (521).
[20] *EZB*, Durchführung der Geldpolitik im Euro-Währungsgebiet. Allgemeine Regelungen für die geldpolitischen Instrumente und Verfahren des Eurosystems, ABl. EU vom 14.12.2011, Nr. L 331/1. Zur Rechtsnatur dieser Leitlinien siehe *J. Hoffmann*, Europäisches Währungsverwaltungsrecht, in: J. Terhechte, Verwaltungsrecht der Europäischen Union, § 27, Rn. 21 f.
[21] RL 2004/39/EG des Europäischen Parlaments und des Rates vom 21. April 2004 über Märkte für Finanzinstrumente, zur Änderung der Richtlinien 85/611/EWG und 93/6/EWG des Rates und der Richtlinie 2000/12/EG des Europäischen Parlaments und des Rates und zur Aufhebung der Richtlinie 93/22/EWG des Rates, ABl. EU Nr. L 145/1, zuletzt geändert durch Art. 6 der Änderungsrichtlinie 2010/78/EU vom 24.11.2010, ABl. EU Nr. L 331/120.
[22] Richtig *C. Herrmann*, EZB-Programm für die Kapitalmärkte verstößt nicht gegen die Verträge – Erwiderung auf Martin Seidel, EuZW 2010, 521, EuZW 2010, 645 (646). Herrmann folgend auch *M. Vogel*, Die europarechtliche Bewertung der Euro-Rettung, ZSE 2012, 459 (488).
[23] Vgl. *C. Herrmann*, EZB-Programm für die Kapitalmärkte verstößt nicht gegen die Verträge – Erwiderung auf Martin Seidel, EuZW 2010, 521, EuZW 2010, 645 (646) sowie *R. Smits*, The European Central Bank, S. 264: „The English term ‚marketable

gen als zweckmäßig, da andernfalls erhebliche Abgrenzungsprobleme im Einzelfall aufkämen. Nach welchen Kriterien sollte man entscheiden, ab welchen Marktbedingungen eine „materielle" Börsengängigkeit abzulehnen wäre? Im Ergebnis erweist sich daher allein eine formelle Betrachtungsweise als überzeugend. Auch die Staatsanleihen krisengeschüttelter Mitgliedstaaten konnte die EZB mithin nach Art. 18.1 der Satzung prinzipiell erwerben.[24]

Andererseits – und dies ist letztlich auch der Hintergrund der öffentlich geäußerten Kritik an den Ankaufprogrammen der EZB – ist nicht zu bezweifeln, dass sich solche Ankäufe als überaus positiv gerade für finanziell angeschlagene Mitgliedstaaten erweisen. Denn durch das Auftreten der EZB als mächtiger Nachfrager nach entsprechenden Anleihen steigt deren Marktpreis, wodurch wiederum der von den Staaten bei der Emission notwendig einzuräumende Zinssatz sinkt. Wenngleich dies zu keinem Zeitpunkt das primäre Ziel der EZB war,[25] wird die Aufnahme neuer Schulden durch den jeweiligen Staat am Primärmarkt durch entsprechende Ankäufe (am Sekundärmarkt) erleichtert, so dass sich dieser – zumindest theoretisch – praktisch grenzenlos finanzieren kann, ohne auf eine nachhaltige Finanzpolitik Acht geben zu müssen („mittelbare Staatsfinanzierung").[26] Die damit einhergehende kontinuierliche Ausweitung der Geldbasis (und schließlich der Geldmenge) bringt zudem ganz erheb-

---

instruments' is very wide in ambit and encompasses more than the German ‚börsengängige Wertpapiere.'"

[24] Wie hier auch *P. Sester*, Die Rolle der EZB in der europäischen Staatsschuldenkrise, EWS 2012, 80 (85); *C. Herrmann*, EZB-Programm für die Kapitalmärkte verstößt nicht gegen die Verträge – Erwiderung auf Martin Seidel, EuZW 2010, 521, EuZW 2010, 645 (646).

[25] Insoweit irrt *H.-W. Forkel*, Euro-Rettung, Demokratie und Rechtsstaat, ZRP 2012, 240 (240), wenn er ausführt, dass die EZB seit mindestens einem Jahr eine Geldpolitik betreibe, „deren ausdrücklich erklärtes Ziel es ist, die Zinsen für Staatsanleihen nun insbesondere von Spanien und Italien auf eine als tragfähig beurteilte Höhe zu senken." Die EZB hat vielmehr stets betont, dass ihre Maßnahmen der Sicherstellung des Transmissionsmechanismus dienen. Darauf wird zurückzukommen sein.

[26] Tatsächlich wurden die ersten Zentralbanken daher auch primär gegründet, um die Staatsfinanzierung zu sichern, vgl. etwa zur Gründung der Bank of England *W. Bagehot*, Lombard Street, S. 90 sowie *N. Ferguson*, The Ascent of Money, S. 49. Die heutige Funktion der Zentralbank hat sich erst im Laufe des späten 19. und 20. Jahrhunderts mit der Einräumung des Zentralbankgeldmonopols entwickelt. Zu den heutigen Funktionen einer Zentralbank auch *C. A. E Goodhart*, The Regulatory Response to the Financial Crisis, S. 34; *C. Kindleberger/R. Aliber*, Manias, Panics and Crashes, S. 213 ff. sowie *E. Görgens/K. Ruckriegel/F. Seitz*, Europäische Geldpolitik, S. 58.

liche Inflationsgefahren mit sich,[27] die letztlich auch der Ausgangspunkt dafür waren, eine auf Preis(niveau)stabilität verpflichtete Zentralbank in die Unabhängigkeit und damit aus den Fängen der Politik zu entlassen.[28] Dass auch eine unabhängige, der Preisstabilität verpflichtete Zentralbank wie die EZB beim An- und Verkauf von Staatsanleihen die geschilderten Inflationsrisiken im Blick haben muss, versteht sich im Übrigen von selbst und ist auch von der EZB im Zusammenhang mit ihren Ankäufen stets betont worden.

III. Normative Begrenzungen des Art. 123 Abs. 1 AEUV

1. Das Verbot unmittelbarer Staatsfinanzierung

Vor dem Hintergrund dieser Zusammenhänge wird der EZB und den nationalen Zentralbanken[29] in Art. 123 Abs. 1 AEUV zumindest eine als besonders problematisch angesehene Form des Anleiheerwerbs untersagt:[30] Der unmittelbare Erwerb von Schuldtiteln und damit der Erwerb auf dem sogenannten Primärmarkt. Tatsächlich bestehen aus ökonomischer Sicht insoweit auch bedeutende Unterschiede gegenüber dem – prinzipiell zulässigen – Erwerb auf dem Sekundärmarkt, was die Wirkungen auf die staatliche Finanzpolitik angeht. Denn ein Erwerb von Anleihen auf den Sekundärmarkt setzt stets voraus, dass diese Anleihen zuvor durch den

---

[27] *M. Vogel*, Die europarechtliche Bewertung der Euro-Rettung, ZSE 2012, 459 (487).

[28] Vgl. *G. Cooper*, The Origin of Financial Crises, S. 71: „Similarly, central bankers must have sufficient power and independence from government to discipline governments and to resist their attempts to print excessive amounts of money. It is for this reason that a central bank must remain outside of political control." Zur Ausgestaltung der Unabhängigkeit der EZB, siehe *H. J. Hahn/U. Häde*, Währungsrecht, § 20 sowie ausführlich *C. Gaitanides*, Das Recht der Europäischen Zentralbank, S. 41 ff. und *R. Smits*, The European Central Bank, S. 152 ff. Zu den Möglichkeiten die tatsächliche Unabhängigkeit einer Zentralbank zu ermitteln siehe *A. Ahsan/M. Skully/J. Wickramanayake*, Determinants of Central Bank Independence and Governance: Problems and Policy Implications, JOAAG Vol. 1 (2006), No. 1, S. 47 ff.

[29] Das Verbot des unmittelbaren Ankaufs von Staatsanleihen nach Art. 123 Abs. 1 AEUV wendet sich ausschließlich an die EZB und die nationalen Zentralbanken und insbesondere nicht an die Parlamente und Regierungen, vgl. nur *A. Glaser*, Die Neuausrichtung der EU-Finanzverfassung durch den Europäischen Stabilitätsmechanismus, DÖV 2012, 901 (903). Anders, allerdings ohne hinreichende Berücksichtigung der (ökonomischen) Zielsetzung der Norm *H. Kube/E. Reimer*, Grenzen des Europäischen Stabilisierungsmechanismus, NJW 2010, 1911 (1912).

[30] Ein solches Verbot unmittelbarer Staatsfinanzierung besteht in dieser oder ähnlicher Form für den Großteil der weltweiten Zentralbanken, vgl. *L. Jácome/M. Matamoros-Indorf/M. Sharma/S. Townsend*, Central Bank Credit to the Government: What Can We Learn from international Practices?, IMF Working Paper 12/16, S. 3 ff.

Staat auch auf diesem platziert werden konnten.[31] Bevor die EZB tätig werden kann, muss der Staat also zunächst private Abnehmer der Anleihen finden. Da die privaten Investoren jedoch prinzipiell nicht sicher sein können, die erworbenen Anleihen anschließend ohne Verluste auf dem Sekundärmarkt weiterreichen zu können, werden sie zu einem solchen Anleiheerwerb nur bereit sein, wenn das mit diesem verbundene Ausfallrisiko (also das Risiko einer „Staateninsolvenz") aus ihrer Sicht tragbar erscheint. Je höher dieses Risiko von den privaten Investoren eingestuft wird, desto höher ist dementsprechend der Zinsaufschlag, den der Staat hinnehmen muss, um sich in dieser Form zu finanzieren.[32] Welche Konsequenzen diese Marktmacht haben kann, ist nicht zuletzt bei Griechenland aber auch bei Zypern deutlich geworden, die sich gegenwärtig überhaupt nicht bzw. nicht zu angemessenen Konditionen durch die Emission von Anleihen auf den Finanzmärkten finanzieren können. Diese Sanktionswirkung des Marktes entfiele aber, wenn es der EZB gestattet wäre, Staatsanleihen unmittelbar zu erwerben. Zwar könnte auch sie zumindest theoretisch auf entsprechende Konditionen und Zinsaufschläge bestehen. Welches Ausmaß der politische Druck auf die EZB jedoch erreichen würde, an dieser Stelle weniger strenge Anforderungen zu stellen, als private Investoren, lässt sich ohne Weiteres ausmalen. Durch den von der EZB ausschließlich praktizierten Ankauf von Staatsanleihen der Mitgliedstaaten auf dem Sekundärmarkt, verändert sich demgegenüber jedenfalls zunächst einmal weder der von den privaten Unternehmen am Primärmarkt verlangte Risikoaufschlag, noch erhält der emittierende Staat überhaupt unmittelbar zusätzliche Finanzmittel.[33] Der Handel auf den Sekundärmärkten ist ausschließlich ein Handel zwischen Investoren, der sich auf die finanzielle Situation des Emittenten – hier also des Staates – jedenfalls unmittelbar nicht auswirkt. Die EZB agiert insoweit zwar als großer aber gleichwohl „normaler" Investor. Zwar ist es richtig, dass der Staat (wie dargelegt) mittelbar dadurch begünstigt wird, dass eine Steigerung der Nachfrage nach entsprechenden Anleihen durch die EZB zu einer Erleichterung der Platzierung weiterer Anleihen führen kann, indem sich die verlangten Risikoaufschläge am Primärmarkt aufgrund der

---

[31] Vgl. auch C. *Calliess*, Perspektiven des Euro zwischen Solidarität und Recht – Eine rechtliche Analyse der Griechenlandhilfe und des Rettungsschirms, ZEuS 2011, 213 (252); W. *Frenz*/C. *Ehlenz*, Der Euro ist gefährdet: Hilfsmöglichkeiten bei drohendem Staatsbankrott, EWS 2010, 65 (69).
[32] C. *Herrmann*, Währungshoheit, Währungsverfassung und subjektive Rechte, S. 232 spricht hier von der „bestrafenden" Wirkung der Märkte.
[33] Vgl. auch C. *Gaitanides*, Das Recht der Europäischen Zentralbank, S. 102.

verbesserten Handelsmöglichkeit am Sekundärmarkt verringern. Eine solche mittelbare Erleichterung staatlicher Verschuldung in diesem Sinne ist jedoch keineswegs eine Folge, die ausschließlich mit dem Ankauf von Staatsanleihen am Sekundärmarkt verknüpft wäre.[34] Vielmehr profitiert der Staat zwangsläufig von jeder Absenkung der Geldmarktzinsen durch die Zentralbank, da sich eine solche mittelfristig auch in einer Reduzierung der Zinssätze für Staatsanleihen widerspiegeln wird.[35] Wollte man aber auch solche mittelbaren Auswirkungen der Maßnahmen der EZB auf die staatliche Finanzpolitik unterbinden, müsste man also nicht singulär den (mittelbaren) Erwerb von Staatsanleihen untersagen, als vielmehr dem Staat jede Partizipation auf den Finanzmärkten und damit generell die staatliche Verschuldung als solche untersagen. Das hingegen wird – soweit ersichtlich – von niemandem ernsthaft erwogen und würde auch die besondere Bedeutung der Staatsverschuldung verkennen.[36] Insoweit ist gegen das Vorgehen der EZB also normativ zunächst einmal nichts einzuwenden.

Von Teilen der Literatur wird demgegenüber bisweilen behauptet, dass der mittelbare dem unmittelbaren Erwerb von Staatsanleihen gleichgesetzt werden müsse, so dass beide Formen vom Verbot des Art. 123 Abs. 1 AEUV erfasst würden.[37] So meinen etwa *Markus Kerber* und *Stefan Städter*, dass beide Erwerbsarten gleichzusetzen seien, weil die ökonomischen Wirkungen „äquivalent" seien, da beide zu einer „Erhöhung der in Umlauf befindlichen Geldmenge" führten.[38] Diese Ausführungen

---

[34] Diesen Eindruck vermitteln allerdings *M. C. Kerber/S. Städter*, Ein Beitrag zum Individualrechtsschutz gegen Rechtsverstöße der EZB, EuZW 2011, 536 (537 f.).

[35] Vgl. auch *C. Herrmann*, Die Bewältigung der Euro-Staatsschulden-Krise an den Grenzen des deutschen und europäischen Währungsverfassungsrechts, EuZW 2012, 805 (811), wo dieser darauf hinweist, dass die Zinssätze an den Sekundärmärkten „zentrale geldpolitische Zwischenziele bilden, auf die eine Zentralbank Einfluss nehmen können muss." Zum allgemeinen Zusammenhang zwischen Geldpolitik und staatlicher Verschuldung siehe *E. Görgens/K. Ruckriegel/F. Seitz*, Europäische Geldpolitik, S. 370 ff.

[36] Zur Bedeutung der Staatsverschuldung siehe den Überblick bei *H. Beck/A. Prinz*, Staatsverschuldung, S. 27 ff.; *W. Heun*, Staatsverschuldung und Grundgesetz, Die Verwaltung 18 (1985), 1 ff.; *C. B. Blankart*, Öffentliche Finanzen in der Demokratie, S. 361 ff. sowie *W. Scherf*, Öffentliche Finanzen, S. 397 ff.

[37] Vgl. *M. C. Kerber/S. Städter*, Ein Beitrag zum Individualrechtsschutz gegen Rechtsverstöße der EZB, EuZW 2011, 536 (537 f.) sowie *W. Frenz/C. Ehlenz*, Europäische Wirtschaftspolitik nach Lissabon, GewArch 2010, 329 (334).

[38] *M. C. Kerber/S. Städter*, Ein Beitrag zum Individualrechtsschutz gegen Rechtsverstöße der EZB, EuZW 2011, 536 (537 f.). Nicht haltbar sind daher auch die Ausführungen von *W. Frenz/C. Ehlenz*, Europäische Wirtschaftspolitik nach Lissabon, GewArch 2010, 329 (334): „Dieses Verbot [des Art. 123 Abs. 1 AEUV] soll aber unbe-

sind schon mit dem Wortlaut des Art. 123 Abs. 1 AEUV kaum zu vereinbaren, gehen aber vor allem an der ökonomischen Ratio des Art. 123 Abs. 1 AEUV (nämlich der Aufrechterhaltung der Sanktionswirkung der Märkte) vorbei und verkennen zudem die generelle Funktionsweise einer Zentralbank. Denn tatsächlich ist es ja gerade die Aufgabe einer Zentralbank über die Beeinflussung der Tagesgeldzinsen Einfluss auch auf die Geldmenge – bzw. genauer: die Geldbasis – zu nehmen. Auch die im zweiten Kapitel beschriebene monetäre Säule der geldpolitischen Strategie der EZB mit dem Ziel eines M3–Wachstums von 4,5 % wäre ansonsten weder nachvollzieh- noch durchführbar, wenn dieser eine Erhöhung der „Geldmenge" schon prinzipiell untersagt wäre. Sämtliche der EZB zur Verfügung stehenden Instrumente ermöglichen ihr vielmehr eine Ausweitung (bzw. Reduzierung) der Geldbasis – auf den (unmittelbaren oder mittelbaren) Erwerb von Staatsanleihen wäre die EZB insoweit also überhaupt nicht angewiesen.[39] Es bleibt also dabei: Der Ankauf von Staatsanleihen auf dem Sekundärmarkt ist grundsätzlich keine unzuläs-

achtlich sein, wenn die Staatsanleihen auf dem Sekundärmarkt, also nicht unmittelbar von den Mitgliedstaaten, erworben werden. Faktisch ist dieser Erwerb in seiner Wirkung dem unmittelbaren Erwerb durch die EZB gleichwertig und ließ in der Folge auch Zweifel an der Unabhängigkeit der EZB aufkommen. In diesem Zusammenhang kann Art. 130 AEUV nur seinen Zweck erfüllen, wenn er nicht nur ein Recht, sondern vielmehr eine Pflicht zur Unabhängigkeit begründet." Denn erstens ist das Ernstnehmen des Wortlauts einer Norm (hier des Wörtchens unmittelbar!) keine methodische Besonderheit, die der besonderen Rechtfertigung bedürfte und zweitens ist die Aussage der faktischen Gleichwertigkeit in dieser Allgemeinheit ökonomisch schlicht verfehlt. Warum drittens im Handeln der EZB ein Problem der fehlenden Unabhängigkeit derselben gesehen werden soll, ist ebenfalls unklar. Denn die Entscheidungen hat der EZB-Rat ja stets in völliger Unabhängigkeit getroffen. Dass er möglicherweise unter politischem Druck stand, steht dem im Ergebnis ebensowenig entgegen, wie die Tatsache, dass die betroffenen Mitgliedstaaten von diesen Maßnahmen mittelbar profitiert haben mögen. Oder wäre die Unabhängigkeit erst belegt, wenn die EZB den Mitgliedstaaten bewusst Schaden zufügt? Zur Unabhängigkeit siehe auch noch unten.

[39] Nur am Rande sei bemerkt, dass auch die Aussage, wonach ein Staatsanleihekauf stets zur Erhöhung der Geldmenge (bzw. der Geldbasis) führt, nur bei einer einseitigen Betrachtung dieses konkreten Ankaufes zutrifft. In der Praxis ist es einer Zentralbank hingegen möglich, diese Ausweitung durch eine Reduzierung der Geldbasis an anderer Stelle durch eine entsprechende Justierung der Konditionen ihrer sonstigen Offenmarktgeschäfte weitestgehend auszugleichen, so dass sich die Geldbasis trotz der Anleihekäufe insgesamt allenfalls marginal erhöht, gleichbleibt oder sogar sinkt (sog. Sterilisation). Eine entsprechende Vorgehensweise hat auch die EZB bei der Darstellung des OMT-Programms in Aussicht gestellt, vgl. *ECB*, Press Release 6 September 2012 – Technical features of Outright Monetary Transactions: „The liquidity created through Outright Monetary Transactions will be fully sterilised." Für die Frage der Preisstabilität ist ohnehin die Geldmenge M3 entscheidend, die in ihrer Entwicklung allerdings vom Verhalten der Kreditinstitute und sonstigen

sige Staatsfinanzierung im Sinne des europäische Primärrechts, sondern zulässiges und sinnvolles geldpolitisches Instrument – und zwar selbst dann, wenn die betroffenen Staaten davon mittelbar profitieren sollten.[40]

2. *Verbot des Anleiheerwerbs in bestimmten Konstellationen*

Trotz dieser grundsätzlichen Zulässigkeit des Erwerbs von Staatsanleihen durch die EZB auf dem Sekundärmarkt stellt sich angesichts des Verbots des Art. 123 Abs. 1 AEUV und des im zweiten Kapitel beschriebenen Mandats der EZB (insbesondere der vorrangigen Verpflichtung auf die Gewährleistung der Preis(niveau)stabilität) die Frage, ob der Erwerb von Staatsanleihen nicht zumindest in bestimmten Konstellationen normativ untersagt sein könnte.

a) Generelle Begrenzung der Anleihekäufe auf „Ausnahmen"?

Nach Auffassung von *Helmut Siekmann* ist der Erwerb am Sekundärmarkt generell nur als „eng begrenzte Ausnahme erlaubt".[41] Andernfalls würde das grundsätzliche Verbot der unmittelbaren Staatsfinanzierung durch die Zentralbanken leerlaufen. In dieser Absolutheit lässt sich diese Aussage jedoch nicht aufrechterhalten. Denn durch einen Ankauf auf dem Sekundärmarkt läuft das Verbot des Art. 123 Abs. 1 AEUV jedenfalls solange nicht leer, als dadurch die Sanktionswirkung des Marktes nicht umgangen wird und sich die EZB stets auf gute geldpolitische Gründe stützen kann. Die Konstellation, die *Siekmann* anschließend

---

privaten Marktteilnehmer abhängt, von der EZB also allenfalls mittelbar gesteuert werden kann.
[40] Wie hier auch *P. Sester*, Die Rolle der EZB in der europäischen Staatsschuldenkrise, EWS 2012, 80 (85); *C. Herrmann*, Die Bewältigung der Euro-Staatsschulden-Krise an den Grenzen des deutschen und europäischen Währungsverfassungsrechts, EuZW 2012, 805 (810 f.); *C. Gaitanides*, Das Recht der Europäischen Zentralbank, S. 102. Im Ergebnis auch *W. Streeck*, Was nun, Europa?, Blätter für deutsche und internationale Politik 2013, 58 (59), der allerdings gleichwohl davon ausgeht, dass das Verbot direkter Staatsfinanzierung zwar eingehalten, „wenn auch nicht respektiert" wird. Was das genau bedeuten soll, ist freilich unklar. Direkt im Anschluss spricht Streeck im Hinblick auf das Ankaufprogramm der EZB dann jedoch von „rechtsverdreherischer Gesetzesumgehung", ein Vorwurf, der scharf zurückzuweisen ist.
[41] *H. Siekmann*, Missachtung rechtlicher Vorgaben des AEUV durch die Mitgliedstaaten und die EZB in der Schuldenkrise, Institute for Monetary and Financial Stability, Working Paper Series No. 65 (2012), S. 41. Ähnlich auch *H. James*, Making of the European Monetary Union, S. 399 ("But the bond purchases were clearly a stopgap measure"), wenngleich sich dessen Aussage wohl nicht auf bestehende normative Grenzen bezog.

nennt, nämlich den Erwerb von Anleihen durch ein mehr oder weniger staatlich beherrschtes Kreditinstitut, das diese Anleihen anschließend an die EZB weiterreicht, betrifft denn auch genau den Fall, in dem die Staaten (nicht die EZB selbst) die Sanktionswirkung des Marktes durch Errichtung eines unter ihrer Kontrolle stehenden eigenständigen Marktakteurs umgehen – eine besondere Konstruktion, auf die sogleich noch näher einzugehen ist[42] und die auch das BVerfG in seinem eingangs zitierten ESM-Urteil als unzulässig angesehen hat. Eine generelle Begrenzung des Anleihekaufs auf Ausnahmen auch dort, wo die Marktakteure in keiner Weise unter staatlicher Kontrolle stehen und auch ansonsten keine Beeinträchtigung der Sanktionswirkung des Marktes vorliegt, lässt sich dem aber nicht entnehmen. Ohnehin wäre (abgesehen von der von *Siekmann* genannten Konstellation) auch völlig unklar, unter welchen Umständen von einer solchen Ausnahme ausgegangen werden sollte, ab welchem Umfang Anleihekäufe also unzulässig sein bzw. werden sollten.

b) Verbot „verkappter" Wirtschafts- und Fiskalpolitik?

Zutreffend ist jedoch, dass die EZB die Anleihekäufe stets nur zur Verfolgung des ihr eingeräumten geldpolitischen Mandats vornehmen darf. Unzulässig wäre es also, wenn und soweit die EZB durch diese Ankäufe Ziele verfolgen sollte, die mit diesem Mandat nicht mehr in Einklang zu bringen sein sollten – im Übrigen eine selbstverständlich auch für alle anderen Maßnahmen der EZB gültige Anforderung, die damit weder in Art. 127 AEUV noch in Art. 123 Abs. 1 AEUV, sondern im allgemeinen (für sämtliche Unionsorgane geltenden) Prinzip der begrenzten Einzelermächtigung des Art. 5 Abs. 2 EUV ihre Grundlage findet.[43] Von den Kritikern des Vorgehens der EZB und insbesondere der Ankäufe von Staatsanleihen wird insoweit geltend gemacht, dass diese Maßnahmen nicht mehr der Geldpolitik, sondern der Wirtschafts- und Finanzpolitik zugerechnet werden müssten. So führt *Helmut Siekmann* aus, dass Of-

---

[42] Siehe sogleich unter cc) (2).
[43] Wenn die EZB gegen diese Anforderung verstößt, liegt eine Verletzung des Art. 123 Abs. 1 AEUV also nur dann vor, wenn durch dieses Verhalten zusätzlich die allgemeine Sanktionswirkung des Marktes unterlaufen werden sollte. Das aber ist keineswegs in allen Fällen der Fall, in denen die EZB mandatswidrig Staatsanleihen ankauft. Siehe auch *H. Siekmann*, Missachtung rechtlicher Vorgaben des AEUV durch die Mitgliedstaaten und die EZB in der Schuldenkrise, Institute for Monetary and Financial Stability, Working Paper Series No. 65 (2012), S. 37 ff. Zum Prinzip der begrenzten Einzelermächtigung *R. Streinz*, Europarecht, Rn. 539 f. sowie *R. Bieber/A. Epiney/M. Haag*, Die Europäische Union, § 3, Rn. 21 f.; *C. Calliess*, in: C. Calliess/M. Ruffert, EUV/AEUV, Art. 5 EUV, Rn. 6 ff.

fenmarktgeschäfte zwar prinzipiell zulässig seien.⁴⁴ Sie müssten aber stets zur Steuerung der geldpolitischen Parameter im gesamten Währungsgebiet eingesetzt werden. Um Geldpolitik handele es sich aber weder dann, wenn Forderungen erworben würden, die von den Marktteilnehmern als nicht investitionswürdig angesehen würden oder die kurze Zeit später abgeschrieben werden müssten noch dann, wenn Forderungen erworben würden, um gezielt die Zinslasten von ausgewählten Marktteilnehmern zu subventionieren.⁴⁵ In einem „normalen" Währungsgebiet wird man *Siekmann* sicher Recht geben können, dass die Geldpolitik die geldpolitischen Parameter grundsätzlich einheitlich für das gesamte Währungsgebiet setzen sollte. Der EZB war dies mit der seit der Eurokrise einsetzenden Fragmentierung der Auswirkungen ihrer geldpolitischen Maßnahmen entlang nationaler Grenzen⁴⁶ aber schlicht nicht mehr möglich. Ihre zinspolitischen Entscheidungen wirkten sich nicht mehr einheitlich, sondern höchst unterschiedlich auf das jeweils national bestimmte Zinsniveau aus. In einem solchen Umfeld kann es der Zentralbank aber kaum vorgeworfen werden, dass sie auch durch neue geldpolitische Instrumente versucht, diese, ihrer Geldpolitik abträgliche nationale Fragmentierung zu beseitigen oder zumindest abzuschwächen. Das aber wiederum setzt zwangsläufig den Einsatz regional unterschiedlicher geldpolitischer Maßnahmen voraus.

Die EZB hat ihre Maßnahmen denn auch zu keinem Zeitpunkt mit den von *Siekmann* genannten (und danach nicht mehr zur Geldpolitik gehörenden) Motiven gerechtfertigt. Sie hat vielmehr zu jedem Zeitpunkt betont, dass die besonderen Ankaufprogramme als Sondermaßnahmen ausschließlich dazu dienen, Verzerrungen bei der Kreditvergabe sowie (regionale) Beeinträchtigungen des geldpolitischen Transmissionsmechanismus zu beseitigen.⁴⁷ Von einer gezielten Senkung mitgliedstaatlicher

---

⁴⁴ Vgl. auch *H. Siekmann*, Missachtung rechtlicher Vorgaben des AEUV durch die Mitgliedstaaten und die EZB in der Schuldenkrise, Institute for Monetary and Financial Stability, Working Paper Series No. 65 (2012), S. 39 f.

⁴⁵ *H. Siekmann*, Missachtung rechtlicher Vorgaben des AEUV durch die Mitgliedstaaten und die EZB in der Schuldenkrise, Institute for Monetary and Financial Stability, Working Paper Series No. 65 (2012), S. 39. In diese Richtung wohl auch *M. Ruffert*, Mehr Europa – eine rechtswissenschaftliche Perspektive, ZG 2013, 1 (7 f.).

⁴⁶ Siehe dazu die Ausführungen im ersten Kapitel.

⁴⁷ *EZB*, Die Geldpolitik der EZB, S. 99 f. Siehe auch die Ausführungen des deutschen Direktoriumsmitglieds *Jörg Asmussen* im Spiegel-online Interview vom 28.1.2013: „Wir agieren innerhalb unseres geldpolitischen Mandats und wir finanzieren auch keine Staaten. Das Programm ist dazu da, den gestörten Geldkreislauf zu beheben. Der Leitzins, den die EZB vorgibt, kommt in den Mitgliedstaaten nicht mehr oder nur sehr unterschiedlich an." Vgl. auch *L. B. Smaghi*, Who killed the inflation

Zinslasten war demgegenüber nie die Rede. Da die Effektivität der Geldpolitik aber ganz maßgeblich von der Kreditvergabe der Geschäftsbanken und der Funktionsfähigkeit des (komplexen) Transmissionsmechanismus abhängt, handelt es sich insoweit wohl auch in den Augen *Siekmanns* um ein geldpolitisch prinzipiell zulässiges Interventionsmotiv – unabhängig davon, dass die EZB zudem stets betont, dass sämtliche Maßnahmen unverzüglich zurückgenommen würden, wenn das Ziel der Preisstabilität durch diese bedroht wäre.[48] Aus normativer Sicht führt es dabei nicht weiter, wenn man der EZB unterstellt, dass sie dieses Ziel lediglich vorschiebt, um in Wahrheit die von *Siekmann* genannten Zwecke zu verfolgen. Die „wahre" Motivation des EZB-Rates wird sich letztlich nicht ermitteln lassen. Für die normative Prüfung muss vielmehr die offizielle Begründung den Ausgangspunkt bilden, die allein daraufhin zu untersuchen ist, ob und inwieweit diese die einzelnen ergriffenen Maßnahmen in (noch) vertretbarer Weise zu tragen vermag oder eben nicht (mehr). Wie im zweiten Kapitel dargelegt, ist dabei angesichts der Komplexität der Materie und der auch in der Ökonomie vorherrschenden Unsicherheiten hinsichtlich des Begriffs der Geldpolitik und deren Wirkungen ein weiter Beurteilungsspielraum der EZB zu akzeptieren. Dass die Maßnahmen selbst – wie übrigens viele Maßnahmen einer Zentralbank – höchst umstritten sind, führt folglich nicht bereits zur normativen Unzulässigkeit. Ökonomisch erweist sich die Angelegenheit dabei keineswegs als eindeutig unvertretbar, auch wenn dieser Eindruck in der Öffentlichkeit bisweilen vermittelt wird. Tatsächlich ist zumindest die besondere Bedeutung des gesamten Staatsanleihemarkts für die Transmission geldpolitischer Maßnahmen unbestritten, wie auch die Tatsache, dass die Staatsschuldenkrise in diesem Bereich (jedenfalls in einzelnen Teilsegmenten) zu erheblichen Turbulenzen geführt hat, die nicht allein rational (sondern auch mit unerwünschter Spekulation) zu erklären sind und an deren Beseitigung von Seiten der EZB ein erhebliches Interesse besteht.[49]

---

target, in: L. Reichlin/R. Baldwin, Is Inflation targeting Dead? Central Banking After the Crisis, S. 31 (32) sowie *Deutsche Bundesbank*, Stellungnahme gegenüber dem Bundesverfassungsgericht vom 21. Dezember 2012, S. 3. Diese Motivation übersieht auch *M. Ruffert*, The European Debt Crisis and European Union Law, CMLRev 48 (2011), 1777 (1787 f.), wenn er behauptet, dass es der EZB allein darum ginge, die Zinslasten der betroffenen Staaten zu reduzieren. Das offizielle Motiv der EZB wird von Ruffert nicht erwähnt.

[48] *EZB*, Die Geldpolitik der EZB, S. 100.
[49] Siehe auch *EZB*, Stellungnahme zu den Verfassungsbeschwerden 2 BvR 1390/12 u.a., S. 21 ff.

A. Der Ankauf von Staatsanleihen krisengeschüttelter Staaten

Wenn die EZB durch den Ankauf bestimmter Staatsanleihen versucht, für eine gewisse Beruhigung in diesem Bereich zu sorgen und sich dabei auf die Staaten beschränkt, bei denen eine solche Störung vorliegt, ist dies zumindest nicht offensichtlich eine außerhalb jeder üblichen Geldpolitik liegende Maßnahme.[50] Dass die betreffenden Mitgliedstaaten von einer solchen Intervention profitieren ist unbestritten, steht einer Einordnung derselben als geldpolitisch motiviert aber – wie dargelegt – gerade nicht grundsätzlich entgegen. Wenn die EZB ihre Ankäufe nunmehr zudem daran knüpft, dass der betreffende Mitgliedstaat sich gegenüber dem ESM bzw. den weiteren Mitgliedstaaten der Eurozone zu tiefgreifenden wirtschaftlichen Strukturreformen verpflichtet, so erweist sich auch hier die Behauptung einer geldpolitischen Motivation als jedenfalls vertretbar.[51] Denn erstens macht die EZB dadurch deutlich, dass es sich bei den von ihr ergriffenen Maßnahmen nur um zeitlich befristete Interventionen handelt, zweitens trägt sie mit der Forderung nach grundlegenden Strukturreformen zu einer langfristigen Beruhigung der Anleihemärkte bei[52] und verhindert drittens denkbare Spekulationen gegen Staaten, die entsprechende Finanzhilfen beantragen, was zusätzlich zumindest das Auftreten neuer Turbulenzen vermeiden hilft, die einer effektiven Transmission ihrer geldpolitischen Impulse im Wege stünden. Insgesamt erweist sich die Argumentation der EZB damit als ökonomisch und folglich auch als normativ vertretbar. Dass die Deutsche Bundesbank ihrerseits eine andere Auffassung vertritt und das Vorliegen einer Störungslage für „zweifelhaft" hält, ändert an der Vertretbarkeit der Ansicht der EZB letztlich nichts.[53] Es kommt normativ gerade nicht darauf an, wie es tatsächlich ist (was sich ohnehin nicht wird ermitteln lassen), sondern allein,

---

[50] Vgl. auch *M. Vogel*, Die europarechtliche Bewertung der Euro-Rettung, ZSE 2012, 459 (489). Das Unionsrecht verlangt nicht die unbedingte geldpolitische Gleichbehandlung aller Eurostaaten. Gerade in einem heterogenen Währungsgebiet wie der Eurozone muss vielmehr die Möglichkeit bestehen, auf regionale Störungen des Transmissionsprozesses auch mit regional begrenzten Maßnahmen zu reagieren, wenn dadurch die Einheitlichkeit der Geldpolitik letztlich wieder ermöglicht werden soll. In diesem Sinne auch *EZB*, Stellungnahme zu den Verfassungsbeschwerden 2 BvR 1390/12 u.a., S. 42.

[51] Vgl. auch *EZB*, Stellungnahme zu den Verfassungsbeschwerden 2 BvR 1390/12 u.a., S. 24 ff.

[52] Ökonomisch ist allerdings umstritten, ob die verlangten Strukturreformen auch kurzfristig das richtige Mittel sind. Kritisch zur Konditionalität des Ankaufprogramms der EZB daher *R. C. Koo*, It Is Private, Not Public Finances that Are Out of Wrack, Nomura Research Institute, November 15, 2012, S. 19.

[53] Vgl. *Deutsche Bundesbank*, Stellungnahme gegenüber dem Bundesverfassungsgericht vom 21. Dezember 2012, S. 6 ff.

ob sich die Auffassung auf die die Maßnahmen gestützt sind, als vertretbar erweist.

Andererseits: Selbst wenn man – wie die Bundesbank – zu dem Ergebnis kommen sollte, dass die EZB hier nicht mehr rein geldpolitisch agiert, kann ihr Verhalten dadurch gerade nicht automatisch als rechtswidrig eingestuft werden. Denn das immer wieder betonte Verbot jeder Form der Fiskal- und Wirtschaftspolitik besteht für die EZB ja nur insoweit, als ansonsten das Ziel der Preisstabilität gefährdet wäre. Im Übrigen ist es nach Art. 127 Abs. 1 S. 2 AEUV die ausdrückliche Aufgabe, die Wirtschaftspolitik in der Union zu unterstützen.[54] Auch die EZB betont daher zu Recht, von ihren Maßnahmen Abstand zu nehmen, sobald das vorrangige Ziel der Preisstabilität gefährdet wäre. Da solche Inflationsgefahren zumindest nach Ansicht der EZB (sowie des deutschen Sachverständigenrates und auch der Bundesbank)[55] auch vor dem Hintergrund der zurückhaltenden Kreditvergabepraxis der Kreditinstitute[56] aktuell nicht bestehen (und zwar auch nach den sogleich zu besprechenden „longer-term refinancing operations", LTRO),[57] wären die Maßnahmen der EZB zumindest unter diesem Gesichtspunkt als zulässig anzusehen. Dass die EZB nicht zuletzt mit der genannten Konditionalität einen Beitrag zur Finanzmarktstabilität im Sinne des Art. 127 Abs. 5 AEUV und damit zugleich eine Unterstützung der allgemeinen Wirtschaftspolitik in der Union leistet, dürfte im Übrigen nicht ernsthaft bestritten werden. Immerhin gehört die Errichtung einer Wirtschafts- und Währungsunion nach Art. 3 Abs. 4 EUV ausdrücklich zu den Zielen der Union. Wenn sich die EZB für deren Erhalt einsetzt, wird man dies insofern kaum als unzulässig ansehen können.

---

[54] Diesen ausdrücklichen Auftrag zur Unterstützung der Wirtschaftspolitik unterschlagen sowohl *H. Siekmann*, Missachtung rechtlicher Vorgaben des AEUV durch die Mitgliedstaaten und die EZB in der Schuldenkrise, Institute for Monetary and Financial Stability, Working Paper Series No. 65 (2012), S. 39 ff. als auch *M. Ruffert*, The European Debt Crisis and European Union Law, CMLRev 48 (2011), 1777 (1788). Auch die Bundesbank geht darauf in ihrer Stellungnahme nicht ein, vgl. *Deutsche Bundesbank*, Stellungnahme gegenüber dem Bundesverfassungsgericht vom 21. Dezember 2012, S. 6 ff.

[55] Vgl. *Sachverständigenrat*, Stabile Architektur für Europa – Handlungsbedarf im Inland, Jahresgutachten 2012/2013, Rn. 143 ff. insbesondere Rn. 150, wo ausdrücklich auf die übereinstimmende Einschätzung der EZB verwiesen wird sowie *Deutsche Bundesbank*, Stellungnahme gegenüber dem Bundesverfassungsgericht vom 21. Dezember 2012, S. 13.

[56] Siehe dazu ausführlich *EZB*, The Euro Area Bank Lending Survey, April 2013.

[57] Zu diesen unter V.C
vgl. S. 84 ff.

c) Umgehung des Art. 123 Abs. 1 AEUV

Nach allgemeinen methodischen Grundsätzen wäre der EZB ebenfalls ein Vorgehen untersagt, durch welches das Verbot des Art. 123 Abs. 1 AEUV „umgangen"[58] würde.[59] Nach den oben dargestellten Zusammenhängen wäre eine solche Umgehung aber nicht bereits dort anzunehmen, wo der Staat durch die Tätigkeit der Zentralbank in irgendeiner Form profitiert, da ein solches „allgemeines Begünstigungsverbot" weder dem europäischen Primärrecht im Allgemeinen noch der Regelung des Art. 123 Abs. 1 AEUV im Besonderen zu Grunde liegt. Eine Umgehung läge vielmehr erst dann vor, wenn und soweit durch das Verhalten der EZB oder eines anderen Akteurs die besondere Sanktionswirkung des Primärmarktes aufgehoben würde. Insoweit wird man zwei Konstellationen unterscheiden können: Einerseits die Abgabe einer unbegrenzten Ankaufgarantie durch die EZB (aa) und andererseits die Errichtung eines staatlichen Akteurs mit „Banklizenz" (bb).

aa) Abgabe einer unbegrenzten Ankaufgarantie zum Emissionspreis

Unzulässig wäre es zunächst, wenn die EZB eine unbegrenzte Ankaufgarantie sämtlicher Staatsanleihen zum Emissionspreis bzw. oberhalb des Marktpreises abgäbe. Durch eine solche Garantie würde der Erwerber einer Staatsanleihe am Primärmarkt von jeglichem Verlustrisiko befreit, da er die Anleihe in jedem Fall zumindest an die EZB weiterreichen könnte. Damit müsste sich der private Investor aber auch keine Gedanken mehr über die Solvabilität des emittierenden Staates und darin begründete Risikoaufschläge machen. Letztlich entfiele dadurch die Sanktionswirkung des Primärmarktes, jeder Mitgliedstaat könnte sich unabhängig von der Nachhaltigkeit seiner eigenen Wirtschafts- und Finanzpolitik praktisch unbegrenzt finanzieren.[60] Eine solche unbegrenzte Ankaufgarantie hat

---

[58] Was unter einer Umgehung dogmatisch zu verstehen ist, ist allerdings im Detail alles andere als klar. Diese Frage soll an dieser Stelle jedoch nicht vertieft werden. Ausführlich dazu (allerdings vornehmlich aus der Perspektive des deutschen Strafrechts) siehe *T. Schröder*, Zum Begriff der Gesetzesumgehung im materiellen Strafrecht und seiner Bedeutung für die praktische Anwendung des Rechts, S. 28 ff.
[59] Vgl. *EZB*, Stellungnahme zu den Verfassungsbeschwerden 2 BvR 1390/12 u.a., S. 14. So wohl auch *C. Calliess*, Perspektiven des Euro zwischen Solidarität und Recht – Eine rechtliche Analyse der Griechenlandhilfe und des Rettungsschirms, ZEuS 2011, 213 (253), der ausführt, dass eine gezielte Umgehung des Art. 123 Abs. 1 AEUV unzulässig wäre. Allerdings bleibt unklar, wann eine solche „gezielte" Umgehung im Einzelnen vorliegt. Vgl. auch *M. Ruffert*, Mehr Europa – eine rechtswissenschaftliche Perspektive, ZG 2013, 1 (7 f.) sowie *Deutsche Bundesbank*, Stellungnahme gegenüber dem Bundesverfassungsgericht vom 21. Dezember 2012, S. 12.
[60] In diese Richtung wohl auch *Deutsche Bundesbank*, Stellungnahme gegenüber

die EZB allerdings zu keinem Zeitpunkt abgegeben, wenngleich dieser Eindruck bisweilen erweckt wird. Sie hat auch bei ihrer letzten Ankündigung diesbezüglich lediglich mitgeteilt, dass sie es in Erwägung zieht, entsprechende Anleihen zu kaufen, dabei aber betont, dass der EZB-Rat „will decide on the start, continuation and suspension of Outright Monetary Transactions in full discretion and acting in accordance with its monetary policy mandate."[61] Die Marktteilnehmer können damit weder sicher sein, ab welchen Marktkonditionen die EZB entsprechende Anleihen tatsächlich erwerben, noch in welchem Umfang sie dies tun wird und wann sie davon wieder absehen wird – richtigerweise hat die EZB zugleich klargestellt, Anleihekäufe am Sekundärmarkt nicht unmittelbar nach der Platzierung am Primärmarkt vorzunehmen, um die eigenständige Preisbildung am Primärmarkt nicht zu beeinträchtigen (sog. Stillhaltefrist oder blackout period).[62] Die Marktteilnehmer können dementsprechend gerade nicht auf eine eigenständige Risikoanalyse beim Erwerb dieser Anleihen auf dem Primärmarkt verzichten. Ihr Marktrisiko wird also allenfalls leicht verringert, aber nicht gänzlich aufgehoben. Dass die Ankäufe prinzipiell unbegrenzt erfolgen können, die EZB also keine Höchstgrenze angegeben hat, ändert daran nichts und erweist sich schon zur Verhinderung möglicher Spekulationen als richtig.[63] Auch unter diesem Gesichtspunkt erweist sich der konkrete Anleiherwerb der EZB mithin als rechtlich zulässig.

bb) Durch Errichtung eines staatlichen Marktakteurs mit „Banklizenz"
Art. 123 Abs. 1 AEUV würde in den zu Beginn des Kapitels zitierten Worten des Bundesverfassungsgerichts[64] auch durch einen Erwerb von Staatsanleihen am Sekundärmarkt durch die EZB umgangen, „der auf

---

dem Bundesverfassungsgericht vom 21. Dezember 2012, S. 16. Die Bundesbank erklärt allerdings nicht, warum sich Finanzmarktteilnehmer „sicher sein können, dass sie eine neu emittierte Anleihe jederzeit zu einem Mindestpreis an das Eurosystem verkaufen können". Eine solche Ankaufgarantie hat die EZB ja gerade nicht abgegeben.

[61] *ECB*, Press Release 6 September 2012 – Technical features of Outright Monetary Transactions.

[62] *EZB*, Stellungnahme zu den Verfassungsbeschwerden 2 BvR 1390/12 u.a., S. 32.

[63] Vgl. auch *EZB*, Stellungnahme zu den Verfassungsbeschwerden 2 BvR 1390/12 u.a., S. 35.

[64] Dass sich das Bundesverfassungsgericht überhaupt zu dieser Frage äußert und im Rahmen des Hauptsacheverfahrens die Ankaufprogramme ausführlich untersucht hat, ist allerdings durchaus bemerkenswert. Denn einerseits ist es schon im Verhältnis zum EuGH grundsätzlich fraglich, ob gerade das Bundesverfassungsgericht diese spezifisch europarechtlichen Fragen überhaupt näher thematisieren sollte. Ge-

von den Kapitalmärkten unabhängige Finanzierung der Haushalte der Mitgliedstaaten zielte."⁶⁵ Der vom Bundesverfassungsgericht zutreffend erkannte Schutzzweck des Art. 123 Abs. 1 AEUV – die Aufrechterhaltung der Sanktionswirkung des Marktes – wird hier besonders deutlich. Anders als in der Presse und auch der Fachliteratur im Anschluss an dieses Urteil bisweilen berichtet, kann aus dieser Aussage daher gerade nicht geschlossen werden, dass der EZB jede Form des Anleiheerwerbs und insbesondere die oben beschriebenen Ankaufprogramme untersagt waren.⁶⁶ Liest man auch die im unmittelbaren Zusammenhang mit dieser Aussage stehenden Passagen des Urteils wird vielmehr deutlich, dass sich das Bundesverfassungsgericht hier lediglich gegen die Einräumung einer sogenannten „Banklizenz" für den Europäischen Stabilitätsmechanismus (ESM) wendet.⁶⁷ Denn als Inhaber einer solchen Lizenz könnte der ESM die von ihm als eigenständiger Marktakteur am Primärmarkt erworbenen Anleihen direkt zur weiteren Refinanzierung bei der EZB nutzen, indem er die gezeichneten Anleihen dort als Sicherheit für die Zuteilung von Zentralbankgeld hinterlegt. In einer solchen Konstellation wird die Sanktionswirkung des Marktes aufgehoben, da die Mitgliedstaaten selbst

---

rade im Verhältnis zur EZB ist dies aber auch deshalb erstaunlich, weil kaum anzunehmen wäre, dass das Bundesverfassungsgericht entsprechende Maßnahmen der Deutschen Bundesbank in entsprechender Schärfe untersucht hätte. Ein entsprechendes Verfahren hat es in der Geschichte der Bundesrepublik auch nicht gegeben und es steht zu vermuten, dass das Bundesverfassungsgericht sich in einem solchen jedenfalls sehr zurück gehalten hätte und eine umfassende Bewertung der Geldpolitik der EZB mangels geldpolitischer Kompetenz und damit letztlich aus Gründen der Organadäquanz unterlassen hätte. Der nunmehr gegenüber der EZB verschärfte Kontrollrahmen, der zudem letztlich allein auf dem Zustimmungsgesetz zum Vertrag von Lissabon beruhen soll, kann insoweit kaum überzeugen.

⁶⁵ BVerfG, 2 BvR 1390/12 vom 12.9.2012, Rn. 278. Zu dieser Entscheidung auch A. Voßkuhle, Der Rechtsanwalt und das Bundesverfassungsgericht – Aktuelle Herausforderungen der Verfassungsrechtsprechung, NJW 2013, 1329 (1331 ff.) sowie C. Herrmann, Die Bewältigung der Euro-Staatsschulden-Krise an den Grenzen des deutschen und europäischen Währungsverfassungsrechts, EuZW 2012, 805 (811).

⁶⁶ Zumindest missverständlich insoweit C. Gröpl, Schritte zur Europäisierung des Haushaltsrechts, Der Staat 52 (2013), 1 (7), wenn dieser ausführt, dass auch der mittelbare Erwerb von Staatsanleihen, soweit er in großem Stil betrieben wird, einer monetären Staatsfinanzierung durch die Zentralbank gleichkomme, was nach Ansicht des BVerfG aber nicht zu den Aufgaben der EZB gehöre. Die eigentliche vom BVerfG angesprochene und tatsächlich verbotene Umgehungskonstruktion wird von Gröpl dabei nicht erwähnt.

⁶⁷ Dies verkennt völlig H.-W. Forkel, Euro-Rettung, Demokratie und Rechtsstaat, ZRP 2012, 240 (240 f.), der mit dem Hinweis auf dieses Zitat des Bundesverfassungsgerichts offenkundig die normative Zulässigkeit aller bisherigen Anleihekäufe der EZB in Zweifel ziehen will.

bestimmen können unter welchen Bedingungen der ESM die von ihnen emittierten Staatsanleihen am Primärmarkt erwirbt.[68] Die Anleihen werden also bloß scheinbar einem eigenständigen Akteur übertragen, bevor sie an die EZB weitergereicht werden, die Differenzierung zwischen Primär- und Sekundärmarkt wird aufgehoben.[69] Eine solche Banklizenz hat der ESM bisher aber noch nicht erhalten und nach den eindeutigen und zutreffenden Aussagen des Bundesverfassungsgerichts (und auch der EZB selbst)[70] ist davon auch in Zukunft nicht auszugehen. Eine Unzulässigkeit der bisherigen Ankaufprogramme ergibt sich aus den Ausführungen des Bundesverfassungsgerichts aber jedenfalls (eindeutig) nicht.

IV. Verstoß gegen das allgemeine Erfordernis der Unabhängigkeit

Losgelöst von diesen konkreten normativen Vorgaben wird bisweilen – nicht zuletzt von der Bundesbank im Rahmen des ESM-Verfahrens vor dem Bundesverfassungsgericht – vorgebracht, dass zumindest das OMT-Programm der EZB nicht mit ihrer in Art. 130 und Art. 282 Abs. 3 AEUV normierten Unabhängigkeit vereinbar sei. Die EZB „mache sich erpressbar" (von politischen Entscheidungsträgern) sollte sie tatsächlich Staatsanleihen in unbegrenzter Höhe von Krisenstaaten dauerhaft ankaufen und zwar selbst dann, wenn diese Anleihekäufe – wie von der EZB angegeben – zur Beruhigung der Anleihemärkte und zur Sicherung der geldpolitischen Transmissionswege erfolgen sollten.[71] An diesen Überlegungen ist zunächst sicher richtig, dass Anleihekäufe durch die EZB die oben knapp beschriebenen (und nicht zu vermeidenden) Verknüpfungen zwischen Fiskal- und Geldpolitik noch einmal erhöhen. Die EZB

---

[68] Im Ergebnis wohl auch C. *Herrmann*, Die Bewältigung der Euro- Staatsschulden-Krise an den Grenzen des deutschen und europäischen Währungsverfassungsrechts, EuZW 2012, 805 (810), wenngleich er auch Argumente für die Zulässigkeit einer Banklizenz aufführt und klarstellt, dass die Ableitung eines Verbots institutionell jedenfalls dem EuGH und nicht dem BVerfG obläge.

[69] Insoweit zutreffend *Deutsche Bundesbank*, Stellungnahme gegenüber dem Bundesverfassungsgericht vom 21. Dezember 2012, S. 17.

[70] Vgl. Stellungnahme CON/2011/24 der EZB vom 17.3.2011, ABl. EU Nr. C 140 vom 11.5.2011, S. 8, Rn. 9, wo die EZB ebenfalls von der Unzulässigkeit einer solchen Banklizenz ausgeht: „[...] würde Art. 123 AEUV in Bezug auf die Rolle der EZB und des Eurosystems dem ESM nicht erlauben, ein Geschäftspartner des Eurosystems im Sinne von Artikel 18 der ESZB-Satzung zu werden."

[71] Siehe auch O. *Issing*, A New Paradigm for Monetary Policy?, CFS Working Paper No. 2013/02, S. 5: „And huge stocks of government bonds expose the central bank to economic risks and political pressure."

hat dadurch ein gesteigertes Interesse daran, dass entsprechende Anleihen bedient werden, dass es also nicht zu einem Schuldenschnitt („haircut") oder gar einem totalen Ausfall kommt, da damit massive Verluste auf Seiten der Zentralbank verbunden oder zumindest denkbar wären.[72] Damit aber besteht zumindest die Gefahr, dass die EZB zu (expansiven) geldpolitischen Maßnahmen greift, um entsprechende (auch partielle) Insolvenzen zu verhindern, die möglicherweise mit dem vorrangigen Ziel der Sicherung der Preisstabilität nicht zu vereinbaren sind und von denen sie dementsprechend andernfalls abgesehen hätte. Da insbesondere hoch verschuldete Staaten ein gesteigertes Interesse an entsprechenden geldpolitischen Maßnahmen haben,[73] wird jedenfalls der politische Druck auf die EZB in dieser Form zu reagieren, stark zunehmen – und tatsächlich können die angesprochenen möglichen Verluste dieses Drohpotenzial noch einmal steigern (wenngleich es wenig sinnvoll erscheint, insoweit gleich von „Erpressung" zu sprechen).

Eine andere Frage ist indes, ob sich aus diesen Überlegungen tatsächlich normative Grenzen für den ansonsten zulässigen Ankauf von Staatsanleihen ermitteln lassen. Eindeutig ist insoweit zunächst, dass entsprechende Maßnahmen von Seiten der EZB zu keinem Zeitpunkt zu einer Gefährdung ihres vorrangigen Mandats, mithin der Sicherung der Preisstabilität führen *dürfen*. Daraus folgt, dass die EZB sich jedenfalls nicht dazu verpflichten darf, Anleihen krisengeschüttelter Mitgliedstaaten ohne weitere Bedingungen und in unbegrenzter Höhe aufzukaufen (was aber bisher auch nicht der Fall ist).[74] Ein solches Verhalten verstieße freilich

---

[72] Vgl. auch *L. Reichlin/R. Baldwin*, Introduction, in: L. Reichlin/R. Baldwin, Is Inflation targeting Dead? Central Banking After the Crisis, S. 10 (22 f.). Konkret kommt es natürlich darauf an, wie ein solcher „Hair-Cut" bzw. Ausfall normativ ausgestaltet wäre. Bisher jedenfalls haben die Mitgliedstaaten deutlich artikuliert, dass sie entsprechende Verluste der EZB nicht akzeptieren würden, diese also im Kern auf private Anleger begrenzt wären. Diese implizite Garantie könnte von den Mitgliedstaaten allerdings jederzeit zurückgenommen werden. Allerdings würden die Mitgliedstaaten letztlich auch für die Verluste der EZB anteilig haften. Sie würden durch eine Einbeziehung der EZB insoweit also nicht besser gestellt.

[73] Denn durch erhöhte Inflationsraten sinkt ihre reale Schuldenlast, indem ein Teil der Schulden „weginflationiert" wird. Um einen spürbaren Effekt zu haben muss die Inflationsrate dazu aber deutlich über dem 2 % Ziel der EZB liegen.

[74] Die Idee von *R. Kuttner*, The Debt We Shouldn't Pay, The New York Review of Books, Volume LX (2013), Number 8, S. 16 (18), wonach „the European Central Bank could make clear that it will buy as much sovereign debt as it takes to defend government bonds from speculative attacks", wäre mit diesen normativen Vorgaben daher nicht vereinbar, solange sie nicht unter den Vorbehalt der Preisstabilität gestellt würde.

bereits gegen Art. 123 Abs. 1 AEUV und präsentierte sich insoweit zunächst einmal nicht als spezifisches Problem der Unabhängigkeit der EZB. Die EZB hat auch richtigerweise klar und deutlich artikuliert, dass sie von entsprechenden Anleihekäufen umgehend absehen wird, wenn sich daraus Gefährdungen für die Preisstabilität ergeben sollten. Aus Art. 127 Abs. 1 AEUV wird man indes auch schließen können, dass die EZB im Zweifel dazu verpflichtet wäre, im Hinblick auf bereits gekaufte Anleihen entsprechende Verluste durch eine Staateninsolvenz hinzunehmen, wenn andernfalls erhöhte und mit dem Erfordernis der Preisstabilität nicht mehr hinnehmbare Inflationsraten drohten. Gleichwohl durchgeführte expansive geldpolitische Maßnahmen wären dementsprechend als vertragswidrig einzustufen. Eine solche normativ eindeutig vorgegebene Entscheidung – nämlich für die Verluste und gegen Inflation – wird jedoch zumindest faktisch immer schwieriger, je höher diese potentiellen Verluste sind. Die Versuchung solche Verluste zu vermeiden, sich auf eine Unterstützung betroffener Mitgliedstaaten einzulassen und möglicherweise zu hoffen, dass allzu starke inflationäre Impulse nach einer erfolgten Rettung durch weitere geldpolitische Schritte noch abgewehrt werden können, wird dann immer größer und kann im Extremfall – nämlich dann, wenn die denkbaren Verluste die Funktionsfähigkeit der EZB selbst bedrohen – möglicherweise nicht mehr unterdrückt werden. Ab einem bestimmten Punkt sieht sich die EZB dann eventuell tatsächlich nicht mehr in der Lage „unabhängige" Geldpolitik zu betreiben, sondern sieht sich stattdessen gezwungen, die staatliche Finanzpolitik zu unterstützen. Wenngleich sich Art. 130 und Art. 282 Abs. 3 AEUV damit keine absolute Grenze für den Ankauf von Staatsanleihen entnehmen lässt, ließe sich insoweit zumindest die Auffassung vertreten, dass diese Normen zugleich die Verpflichtung enthielten, sich durch geldpolitische prinzipiell zulässige Maßnahmen nicht in eine solche Situation faktischer Zwänge zu manövrieren, in denen eine von fiskalischen Bedürfnissen angeschlagener Mitgliedstaaten unabhängige Geldpolitik nicht mehr bzw. nur noch sehr schwer möglich erscheint.

Gegen eine solche Interpretation sprechen jedoch mehrere Gründe. Zunächst wäre letztlich völlig unklar, ab welcher potenziellen Verlusthöhe tatsächlich davon ausgegangen werden muss, dass die geschilderten „faktischen Zwänge" eine Beeinträchtigung der Unabhängigkeit der EZB begründen, ab wann also der ansonsten zulässige Anlauf in einen normativ untersagten umschlägt. Das Eigenkapital der EZB beträgt mit Wirkung vom 29. Dezember 2010 gerade einmal knapp 11 Mrd. Euro,[75]

---

[75] Vgl. *EZB*, Beschluss vom 13. Dezember 2010 über die Erhöhung des Kapitals der

A. Der Ankauf von Staatsanleihen krisengeschüttelter Staaten 79

selbst geringfügige Ankäufe würden diesen vergleichsweise kleinen Betrag schnell um ein Vielfaches übersteigen. Ein Überschreiten dieser Summe wäre zwar leicht zu ermitteln, begründet aus diesem Grund aber offenkundig kein sinnvolles Kriterium. Zu denken wäre allenfalls an ein ganzzahliges Vielfaches dieser Summe. Aber welches? Ein gewisses Maß an Willkür wird man einer solchen Festlegung kaum absprechen können. Allein zum 31.12.2012 hielt die EZB Anleihen krisengeschüttelter Staaten im Wert von 208,7 Mrd. Euro.[76] War das also schon zu viel? Hätte die EZB möglicherweise lediglich Anleihen im Wert von 110, 55 oder 33 Mrd. Euro erwerben dürfen? Selbst wenn man eine solche absolute Grenze trotz dieser Probleme aber festlegen wollte, müsste bei der Überprüfung, ob diese bereits überschritten worden ist, auch die konkrete Ausfallwahrscheinlichkeit der einzelnen Anleihen berücksichtigt werden. Es erscheint nach den Erfahrungen mit der Staatsschuldenkrise jedenfalls kaum vertretbar, den Ankauf deutscher Anleihen in einer bestimmten Höhe mit dem Ankauf griechischer oder zypriotischer Anleihen im selben Umfang gleichzusetzen. Dabei gilt es auch und gerade die unterschiedliche Wirtschaftskraft der einzelnen Mitgliedstaaten zu berücksichtigen. Vergleichbar mit der Risikogewichtung im Bankensektor, würde eine erworbene Anleihe (abhängig von ihrer Bonität), dementsprechend nur zu einem bestimmten Anteil in die Berechnung einbezogen. Was soll aber geschehen, wenn sich die Ausfallwahrscheinlichkeit erhöht, nachdem die EZB entsprechende Anleihen bereits erworben hat, so dass der genannte Grenzwert nunmehr (und plötzlich) überschritten wird? Wäre die EZB dann möglicherweise normativ verpflichtet, sich gerade von diesen Anleihen wieder zu trennen, was die Schwierigkeiten des betreffenden Mitgliedstaates noch einmal erheblich erhöhen könnte, vielleicht sogar dazu führt, dass es aufgrund des damit verbundenen Preisverfalls der jeweiligen Staatsanleihen überhaupt erst zu einer staatlichen Insolvenz kommt? Schon diese faktischen Probleme sprechen dafür, aus normativer Sicht eine formalistische Perspektive einzunehmen und sich gegen eine entsprechende aus Art. 130 und Art. 282 Abs. 3 AEUV folgende Verpflichtung der EZB zu wenden und die Anleihekäufe nicht in der Höhe zu begrenzen. Für diese Ansicht spricht darüber hinaus die oben bereits angesprochene Tatsache, dass Unabhängigkeit gerade nicht

---

Europäischen Zentralbank, EZB/2010/26, ABl. 2011 EU Nr. L 11/53. Siehe auch *EZB*, Stellungnahme zu den Verfassungsbeschwerden 2 BvR 1390/12 u.a., S. 37.
[76] Siehe die Pressemitteilung der EZB vom 21. Februar 2013 – Details on securities holdings acquired under the Securities Market Programme.

mit Beziehungslosigkeit verwechselt werden darf. Dass die EZB auf fiskalpolitische Entscheidungen reagieren muss, beide Bereiche also miteinander verknüpft sind, ist mithin keine Besonderheit, die ausschließlich durch Anleihekäufe begründet wird. Auch Art. 130 und Art. 282 Abs. 3 AEUV verlangen dementsprechend nicht, dass die EZB ihre Entscheidungen vollständig unabhängig von fiskalpolitischen Erwägungen, sondern lediglich unbeeinflusst von den sonstigen Organen der Union und den Mitgliedstaaten trifft.[77] Dieses Erfordernis ist aber bei der EZB zu jedem Zeitpunkt gewahrt gewesen. Dass die EZB durch entsprechende Entscheidungen möglicherweise den zu einem späteren Zeitpunkt auf sie lastenden politischen Druck erhöht, bleibt ihr dabei unbenommen. Entscheidend ist allein, dass sie – jedenfalls nach ihrer Einschätzung zum Zeitpunkt der Entscheidung – diesem politischen Druck standhalten und nicht gegen die ihr in Art. 127 Abs. 1 AEUV gemachte und verbindliche Zielvorgabe verstoßen wird.[78] Letztlich kommt es insoweit also auf die Zentralbanker selbst an: „As long as there is no absolute (and absolutely convincing) strict rule, the people and personalities in charge will matter."[79]

B. Annahme bestimmter Staatsanleihen als notenbankfähige Sicherheiten

Nach Art. 18.1 der Satzung der EZB darf die EZB Kreditgeschäfte mit Kreditinstituten und anderen Marktteilnehmern nur schließen, wenn sie für die gewährten Darlehen im Gegenzug „ausreichende Sicherheiten" erhält.[80] Eine nähere Konkretisierung des unbestimmten Begriffs ausreichende Sicherheiten sucht man im Primärrecht vergeblich; sie obliegt damit nach Art. 18.2 der Satzung zunächst einmal der EZB selbst, der dabei zweifelsohne (erneut) ein gewisser Beurteilungsspielraum zukommt.[81]

---

[77] In Art. 130 AEUV findet sich der Begriff der Unabhängigkeit nicht.
[78] Vgl. auch *R. Streinz*, Europarecht, Rn. 1113: „Praktisch bedeutsamer ist gerade angesichts jüngster Entwicklungen die faktische Behauptung der Unabhängigkeit der EZB gegenüber politischem Druck." Eine solche Behauptung, so ist zu ergänzen, kann und muss von der EZB freilich auch erwartet werden.
[79] *O. Issing*, A New Paradigm for Monetary Policy?, CFS Working Paper No. 2013/02, S. 14.
[80] Dazu auch *R. Smits*, The European Central Bank, S. 272 ff.
[81] *R. Smits*, The European Central Bank, S. 272: „In any case, the collateral will have to be 'appropriate', a term indicating a margin of discretion for the ECB when

B. Annahme bestimmter Staatsanleihen

Die Zulassungskriterien für notenbankfähige Sicherheiten hat die EZB in Kapitel 6 ihrer allgemeinen Regelungen für die geldpolitischen Instrumente und Verfahren des Eurosystems veröffentlicht.[82] Die Eignung eines Schuldtitels als notenbankfähige Sicherheit hängt dabei nach Ziff. 6.2.1.2 davon ab, dass dieser den hohen Bonitätsanforderungen genügt, deren Vorliegen sich nach Ziff. 6.3 (dem Rahmenwerk für Bonitätsbeurteilungen im Eurosystem) richtet. Zur Beurteilung der Bonität stützt sich die EZB danach auf eine der folgenden vier Quellen: Externe Ratingagenturen, interne Bonitätsanalyseverfahren der nationalen Zentralbanken, interne Ratingverfahren der Geschäftspartner und Ratingtools externer Anbieter. Wenngleich die Bewertung durch externe Ratingagenturen mithin keineswegs das einzige relevante Kriterium für die Beurteilung der jeweiligen Sicherheiten darstellt, geriet die EZB im Zuge der Staatsschuldenkrise erheblich in die Kritik, weil sie nicht zuletzt die im Rating massiv gesunkenen griechischen Staatsanleihen noch bis zum 25. Juli 2012 weiterhin als notenbankfähig ansah.[83] Anleihen aus Spanien, Portugal und anderer Eurostaaten sind weiterhin notenbankfähig, einige nationale Zentralbanken dürfen im Rahmen der sogenannten „Emergency-Liquidity-Assistance" (ELA) darüber hinaus auch weiterhin Sicherheiten akzeptieren, deren Bonitätsbewertungen durch die Ratingagenturen zum Teil erheblich unterhalb der jeweiligen „Bestmarken" liegen.[84] Seit dem 21.12.2012 akzeptiert auch die EZB wieder griechische Staatsanleihen als Sicherheit – allerdings

---

deciding upon the kinds of collateral, and the amount of collateral in relation to the credit envisaged."

[82] *EZB*, Durchführung der Geldpolitik im Euro-Währungsgebiet, ABl. EU vom 14.12.2011, Nr. L 331/1, S. 29 ff.

[83] Vgl. *EZB*, Pressemitteilung vom 20.07.2012 – Collateral eligibility of bonds issued or guaranteed by the Greek government: „Due to the expiration on 25 July 2012 of the buy-back scheme for marketable debt instruments issued or fully guaranteed by the Hellenic Republic, these instruments will become for the time being ineligible for use as collateral in Eurosystem monetary policy operations." Im Rahmen der Finanzkrise 2008/2009 hatten bereits einige Zentralbanken ihre entsprechenden Standards – allerdings im Hinblick auf private Schuldtitel – herabgesetzt, vgl. *C. A. E. Goodhart*, The Regulatory Response to the Financial Crisis, S. 51: „During the crisis several such Central Banks were pressured by events and by the fact that commercial banks had drastically run down their holdings of public sector debt in recent decades, into accepting private sector assets, such as residential mortgages, of somewhat lower quality as collateral."

[84] Nachweise bei *H. Siekmann*, Missachtung rechtlicher Vorgaben des AEUV durch die Mitgliedstaaten und die EZB in der Schuldenkrise, Institute for Monetary and Financial Stability, Working Paper Series No. 65 (2012), S. 19.

mit erheblichen Sicherheitsabschlägen.⁸⁵ Gleiches gilt seit dem 9.5.2013 auch für Anleihen der Republik Zypern.⁸⁶

Dass die EZB die Notenbankfähigkeit nicht unmittelbar mit einer Bestbewertung durch eine der führenden Ratingagenturen verknüpft, erweist sich dabei ohne weiteres als zulässig. Tatsächlich hat nicht erst die Finanzkrise 2007/2008 offenbart, dass die Bewertungen dieser Agenturen zum Teil ganz erhebliche Mängel aufwiesen⁸⁷ – durchaus zu Recht wurden daher auch die nationalen Finanzaufsichtsbehörden dafür kritisiert, sich bei ihrer Risikoanalyse in den Jahren vor der Finanzkrise allzu sehr auf externe Bewertungen dieser Art gestützt zu haben.⁸⁸ Dass die EZB sich nicht in dieser Form vereinnahmen lässt, ist insoweit durchaus zu begrüßen. Gleichwohl muss die EZB selbstverständlich zu jedem Zeitpunkt im Einklang mit der primärrechtlichen Regelung des Art. 18.1 ihrer Satzung handeln. Wenngleich sich daraus also keine normative Bindung an bestimmte Bewertungen der Ratingagenturen herleiten lässt, müssen die von ihr akzeptierten Sicherheiten zu jedem Zeitpunkt als „ausreichend" in diesem Sinne angesehen werden können. Dass jedoch wird nicht zuletzt von *Helmut Siekmann* bezweifelt: „Die mehrfach vorgenommene Reduzierung der Qualitätsanforderungen für ,notenbankfähige' Forderungen und ihre Verbriefungen geraten in Konflikt mit dem Erfordernis ,ausreichender' Sicherheiten für die Kreditgewährung in Art. 18.2,⁸⁹ zweiter Spiegelstrich, Satzung ESZB/EZB. Erkennbar ausfallgefährdete Forderungen, wie griechische Staatsanleihen, erfüllen nicht die gesetzlichen Anforderungen."⁹⁰

---

⁸⁵ Siehe *EZB*, Pressemitteilung vom 19.12.2012 – ECB announces change in eligibility of debt instruments issues or guaranteed by the Greek government. Siehe auch *EZB*, Stellungnahme zu den Verfassungsbeschwerden 2 BvR 1390/12 u.a., S. 11 f.

⁸⁶ EZB, Pressemitteilung vom 2.5.2013 – ECB announces change in eligibility of marketable debt instruments issued or guaranteed by the Cypriot government.

⁸⁷ Der Ratingmarkt leidet bisher unter einigen gravierenden Defiziten, so dass qualitativ hochwertige Ratings nicht immer gewährleistet sind. Vgl. dazu *G. Tönningsen*, Die Regulierung von Ratingagenturen, ZBB 2011, 460 (462 ff.); *J. Lancaster*, I.O.U, S. 208 ff.; *C. A. E. Goodhart*, The Regulatory Response to the Financial Crisis, S. 120 f. sowie umfassend *D. Bauer*, Ein Organisationsmodell für die Regulierung von Rating-Agenturen, S. 27 ff.

⁸⁸ Vgl. insoweit die Aussage von *W. Höfling*, Finanzmarktregulierung – Welche Regelungen empfehlen sich für den deutschen und europäischen Finanzsektor, NJW-Beilage 3/2010, 98 (100), der insoweit von „Selbstauslieferung der Finanzmarktaufsicht" spricht. Siehe auch *A. Thiele*, Divergierende Risikomodelle und der Gesetzgeber, ZG 2010, 127 (140 ff.).

⁸⁹ Hier ist offenkundig 18.1 der Satzung gemeint.

⁹⁰ *H. Siekmann*, Missachtung rechtlicher Vorgaben des AEUV durch die Mit-

B. Annahme bestimmter Staatsanleihen

Daran ist zunächst richtig, dass erkennbar ausfallgefährdete Forderungen im Ergebnis nicht mehr unter den Begriff „ausreichende Sicherheiten" subsumiert werden können. Damit stellt sich freilich wiederum die Frage, was unter „erkennbar" in diesem Sinne zu verstehen sein soll. Bei der Beantwortung dieser Frage wird man berücksichtigen müssen, dass Art. 18.1 der Satzung der EZB letztlich das Ziel verfolgt, gerade (und ausschließlich) die EZB vor möglichen Abschreibungen und finanziellen Verlusten zu schützen.[91] Vor diesem Hintergrund ist daher auch die Frage der Ausfallgefährdung bzw. der Erkennbarkeit derselben allein aus ihrer und nicht aus der Perspektive eines beliebigen (privaten) Marktakteurs zu beurteilen. Zwar wird die Ausfallgefährdung auf Seiten der EZB regelmäßig mit einer für den gesamten (privaten) Markt bestehenden Ausfallgefährdung zusammenfallen. Zwingend ist dies aber nicht. So haben die Staats- und Regierungschefs der Eurostaaten jedenfalls bisher stets betont, dass sie einen Ausfall von (nicht nur auf griechischen Anleihen beruhenden) Forderungen der EZB zu keinem Zeitpunkt akzeptieren würden, insoweit also auf eine Bedienung sämtlicher von der EZB gehaltenen Anleihen bestehen.[92] Der bereits erfolgte Schuldenschnitt traf daher allein und ausschließlich private Akteure. Es erscheint dabei zumindest von Seiten der EZB nicht als von vornherein unzulässig diese „mitgliedstaatliche Garantie" nicht nur auf die von ihr endgültig, sondern auch temporär als Sicherheit gehaltenen Staatsanleihen zu beziehen; eine Differenzierung zwischen diesen beiden Formen wurde zumindest bisher auch nicht diskutiert. Gleichwohl ist es – trotz der erheblichen Risikoabschläge, die von Seiten der EZB bei der Annahme als Sicherheit jeweils vorgenommen wurden, offenkundig, dass sie sich im Hinblick auf eine solche Garantie in eine gewisse Abhängigkeit von den Mitgliedstaaten begibt, da eine entsprechende Garantie jedenfalls nicht in rechtlich verbindlicher Weise ausgesprochen wurde. Zumindest wird man es aber als zulässig ansehen müssen, wenn die EZB bei der Ermittlung der Ausfallwahrscheinlichkeit auch die Wahrscheinlichkeit einer solchen mitgliedstaatlichen Garantie berücksichtigt und daher im Vergleich zu einem „normalen" Marktteilnehmer zu einem anderen Ergebnis kommt. Insofern kann aus der hohen Ausfallswahrscheinlichkeit für private Marktakteure nicht automatisch auf eine ebenso hohe Ausfallwahrscheinlichkeit

---

gliedstaaten und die EZB in der Schuldenkrise, Institute for Monetary and Financial Stability, Working Paper Series No. 65 (2012), S. 40.
[91] Vgl. auch *R. Smits*, The European Central Bank, S. 272.
[92] Siehe auch *EZB*, Stellungnahme zu den Verfassungsbeschwerden 2 BvR 1390/12 u.a., S. 28.

auf Seiten der EZB geschlossen werden. Gleichwohl bleibt das Verhalten der EZB zumindest im Hinblick auf griechische Staatsanleihen trotz des hohen Sicherheitsabschlags normativ fragwürdig.[93] Im Übrigen bedeutet dies zugleich, dass eine Notenbankfähigkeit aber spätestens dann abgelehnt werden muss, wenn diese implizite mitgliedstaatliche Garantie entfällt. Auch diesen Effekt gilt es also zu berücksichtigen, wenn aktuell auch ein die öffentlichen Haushalte belastender Schuldenschnitt offen diskutiert wird.[94]

C. Die „Longer-term refinancing Operations"

Am 8.12.2011 kündigte die EZB zwei sogenannte „longer-term refinancing operations" (LTROs) an.[95] Die Kreditinstitute erhielten dadurch an zwei Terminen die Möglichkeit, Zentralbankkredite in unbegrenzter Höhe zum Referenzzinssatz von einem Prozent für eine Laufzeit von 36 Monaten in Anspruch zu nehmen. Am 21.12.2011 vergab die EZB daraufhin längerfristige Kredite in Höhe von knapp 490 Mrd. Euro und am 29.2.2012 noch einmal in Höhe von rund 530 Mrd. Euro, wodurch die Geldbasis also insgesamt um mehr als eine Billion Euro erhöht und im Vergleich zu 2008 damit fast verdoppelt wurde.[96] Wenngleich die Veränderung der Geldbasis originäre Aufgabe einer Zentralbank und auch der

---

[93] Allerdings wird man zumindest darüber nachdenken können, ob die EZB nicht in besonderen Notfällen (etwa Verhinderung systemischer Krisen) ihre Anforderungen, die sie an die Sicherheiten stellt, im Einzelfall reduzieren darf. Vgl. etwa *R. Smits*, The European Central Bank, S. 273: „It may be argued that emergency lending for the purpose of avoiding systemic crises, and lending of last resort to help a bank in difficulties may under certain circumstances be effected with a form of collateral different from the assets usually accepted." Auch die Staatsschuldenkrise könnte einen solchen Notfall darstellen. Dass ein Auftreten der EZB als „lender-of-last-resort" generell ausgeschlossen sein soll, überzeugt nicht. So aber *H. Siekmann*, Missachtung rechtlicher Vorgaben des AEUV durch die Mitgliedstaaten und die EZB in der Schuldenkrise, Institute for Monetary and Financial Stability, Working Paper Series No. 65 (2012), S. 39. Siehe dazu auch *R. M. Lastra*, Legal Foundations of International Monetary Stability, S. 303 ff. sowie *R. Smits*, The European Central Bank, S. 269 ff.

[94] *M. Vogel*, Die europarechtliche Bewertung der Euro-Rettung, ZSE 2012, 459 (490).

[95] *EZB*, Pressemitteilung vom 8.12.2011 – ECB announces measures to support bank lending and money market activity.

[96] Vgl. *H. Siekmann*, Missachtung rechtlicher Vorgaben des AEUV durch die Mitgliedstaaten und die EZB in der Schuldenkrise, Institute for Monetary and Financial Stability, Working Paper Series No. 65 (2012), S. 19. Betrug die Geldbasis 2008 100 Punkte, lag sie nach den LTRO bei 196 Punkten, siehe *R. C. Koo*, It Is Private, Not

C. Die „Longer-term refinancing Operations"

EZB ist, überraschte diese Kreditvergabe nicht nur hinsichtlich der Höhe der Kreditsumme, sondern auch hinsichtlich der außerordentlich langen Laufzeit in Verbindung mit dem extrem niedrigen Zinssatz. Die Kritik an dieser Maßnahme ließ denn auch nicht lange auf sich warten und tatsächlich lässt sich kaum leugnen, dass eine solche massive Ausweitung der Geldbasis ganz erhebliche Inflationsrisiken hervorrufen kann – zumal die Geldschöpfungsmöglichkeiten der Kreditinstitute durch die Herabsetzung des Mindestreservesatzes auf 1 % (zumindest theoretisch) massiv ausgeweitet wurden.[97] Andererseits konnte zu diesem Zeitpunkt auch kein Zweifel daran bestehen, dass sich die Situation am Geld- und Interbankengeldmarkt als außerordentlich angespannt erwies und eine Kreditvergabe durch die einzelnen Kreditinstitute nur sehr eingeschränkt und keinesfalls in ausreichendem Maße erfolgte – was sich bis heute weltweit nicht geändert hat.[98] Nicht zuletzt das Beispiel Japans zeigt, dass eine Ausweitung der Geldbasis in einer solch angespannten Lage keineswegs mit einer Preissteigerung einhergehen muss,[99] wovon daher auch die EZB selbst nicht ausgeht.[100] Die EZB begründete die LTRO vielmehr ausdrücklich mit dem Ziel, die private Kreditvergabe sowie die Geldmarktaktivitäten zu unterstützen. Ein Einschlafen des Interbankengeld-

---

Public Finances that Are Out of Wrack, Nomura Research Institute, November 15, 2012, S. 6.

[97] Zum Prozess der Geldschöpfung durch die Kreditinstitute *J. Altmann*, Volkswirtschaftslehre, S. 96 ff. sowie *O. Issing*, Einführung in die Geldtheorie, S. 57 ff.

[98] Zur fehlenden Kreditvergabe und fehlenden Investitionen des privaten Sektors trotz niedrigster Zinsen weltweit siehe *R. C. Koo*, It Is Private, Not Public Finances that Are Out of Wrack, Nomura Research Institute, November 15, 2012, S. 1 ff. Speziell zur Situation in der Eurozone auch *C. Herrmann*, Die Bewältigung der Euro-Staatsschulden-Krise an den Grenzen des deutschen und europäischen Währungsverfassungsrechts, EuZW 2012, 805 (811).

[99] Japan erhöhte die monetäre Basis von 100 Punkten im Jahre 1990 auf 352 Punkte im Jahre 2012. Gleichwohl kämpft Japan weiterhin gegen die Deflation, vgl. *R. C. Koo*, It Is Private, Not Public Finances that Are Out of Wrack, Nomura Research Institute, November 15, 2012, S. 5 f. Ausführlich zur Situation in Japan *R. C. Koo*, The Holy Grail of Macroeconomics: Lessons from Japan's great Recession, 2009.

[100] Tatsächlich liegt das Wachstum der insoweit entscheidenden Geldmenge M3 aktuell deutlich unter einem stabilitätspolitisch bedenklichen Niveau, vgl. *C. Herrmann*, Die Bewältigung der Euro-Staatsschulden-Krise an den Grenzen des deutschen und europäischen Währungsverfassungsrechts, EuZW 2012, 805 (811). Wenngleich eine Ausweitung der Geldbasis regelmäßig auch zu einer Erhöhung der Geldmenge M3 führt, handelt es sich insoweit um einen exogenen Faktor, der von der EZB nicht direkt gesteuert werden kann. Die Ansicht der EZB wird im Übrigen auch vom Sachverständigenrat in seinem aktuellen Jahresgutachten geteilt, vgl. *Sachverständigenrat*, Stabile Architektur für Europa – Handlungsbedarf im Inland, Jahresgutachten 2012/2013, Rn. 143 ff. Sie kann insofern schwerlich als unvertretbar angesehen werden.

marktes wie im Anschluss an die Lehmann-Pleite im Jahr 2008 sollte jedenfalls verhindert werden.

Insofern stellt sich aus normativer Sicht die Frage, ob die EZB ein solches Ziel – letztlich nämlich die Versorgung der Wirtschaftsteilnehmer mit den erforderlichen finanziellen Mitteln – vor dem Hintergrund ihres Mandats überhaupt verfolgen darf. Dazu ist erstens anzumerken: Die Bereitstellung der notwendigen finanziellen Mittel für die Privatwirtschaft und die Verhinderung einer Kreditklemme ist eine geradezu klassische Aufgabe einer mit dem Geldnotenmonopol ausgestatteten Zentralbank – und zwar auch einer solchen, die auf das vorrangige Ziel der Preisstabilität verpflichtet ist, da dieses eben auch die Verhinderung möglicher Deflationsrisiken umfasst. Die aufgrund der Finanzkrise ausgeprägten Konsolidierungsbemühungen privater Haushalte und Unternehmen, die sich in erhöhten Sparquoten niederschlagen, beeinträchtigen die wirtschaftliche Entwicklung und können dabei – wie erneut der Blick nach Japan zeigt – erhebliche Deflationsgefahren begründen, denen die EZB durch die Erhöhung der Geldbasis zumindest entgegenwirken kann, indem der Konsum wenigstens partiell angeregt wird (wenngleich sich der Erfolg dieser Maßnahme bisher eher in Grenzen hält).[101] Dementsprechend haben auch andere Zentralbanken wie die Bank of England oder die Federal Reserve ähnliche bisweilen sehr viel umfassendere Maßnahmen ergriffen („quantative easing"). Auch die Halbierung des Mindestreservesatzes durch die EZB steht in diesem Zusammenhang. Dass die Maßnahmen mit einer Laufzeit von insgesamt drei Jahren ungewöhnlich lang angelegt sind, ist angesichts der mit geldpolitischen Maßnahmen verbundenen zeitlichen Verzögerungen („time lags"),[102] des Ausmaßes der bestehenden Vertrauensdefizite der Marktteilnehmer sowie der Tatsache, dass die Erhöhung der Geldbasis durch die weiterhin stattfindenden Offenmarktgeschäfte jederzeit wenigstens partiell wieder reduziert werden kann[103] zumindest normativ nicht zu beanstanden.[104] Zweitens ist die Funktions-

---

[101] Vgl. dazu erneut *R. C. Koo*, It Is Private, Not Public Finances that Are Out of Wrack, Nomura Research Institute, November 15, 2012, S. 5 ff.

[102] Vgl. nur *H.-J. Jarchow*, Grundriss der Geldpolitik, S. 8 f.

[103] Vgl. auch *Sachverständigenrat*, Stabile Architektur für Europa – Handlungsbedarf im Inland, Jahresgutachten 2012/2013, Rn 146.

[104] Anders *H. Siekmann*, Missachtung rechtlicher Vorgaben des AEUV durch die Mitgliedstaaten und die EZB in der Schuldenkrise, Institute for Monetary and Financial Stability, Working Paper Series No. 65 (2012), S. 40, der sich an der vor der Krise üblichen Höchstdauer für die längerfristigen Refinanzierungsgeschäfte von drei Monaten orientiert. Warum diese Länge aber auch in Krisenzeiten maßgeblich sein soll, bleibt unklar, zumal diese normativ an keiner Stelle als Höchstgrenze festgelegt wird.

C. Die „Longer-term refinancing Operations" 87

fähigkeit der privaten Kreditvergabe notwendige Voraussetzung für eine erfolgreiche Geldpolitik überhaupt. Wenn sich geldpolitische Entscheidungen nicht mehr über den Zinskanal in einer Veränderung der privaten Kreditvergabe auswirken, entfällt einer der zentralen Transmissionswege, auf dem die Tätigkeit einer Zentralbank aufbaut.[105] Insoweit ist es – wie oben bereits dargelegt – letztlich unumstritten, dass auch die EZB Maßnahmen ergreifen darf, um den geldpolitischen Transmissionsprozess sicherzustellen. Nichts anderes aber tut die EZB, wenn sie versucht, die Kreditvergabe unter den Kreditinstituten aber auch gegenüber privaten Unternehmen zu gewährleisten. Dass sie auch diese Maßnahmen nur ergreifen darf soweit und solange diese keine Gefährdung der Preisstabilität hervorrufen, versteht sich von selbst und ist auch von der EZB zu keinem Zeitpunkt bestritten worden. Entsprechende Gefahren sieht die EZB zur Zeit jedoch nicht, was ökonomisch umstritten sein mag, sich aber auch angesichts der Erfahrungen mit Japan keineswegs als unvertretbar erweist.[106] Zuletzt ist drittens darauf hinzuweisen, dass die EZB diese Maßnahmen angesichts der nach ihrer Auffassung nicht bestehenden Risiken für die Preisstabilität[107] zumindest zur Verfolgung der in Art. 3 EUV genannten Ziele ergreifen darf. Zu diesen Zielen gehört nicht zuletzt das Hinwirken auf eine nachhaltige Entwicklung Europas auf der Grundlage eines ausgewogenen Wirtschaftswachstums und eine in hohem Maße wettbewerbsfähige soziale Marktwirtschaft, die auf Vollbeschäftigung abzielt, wofür wiederum ein funktionsfähiges Kreditwesen unabdingbare Voraussetzung ist. Selbst wenn man die Maßnahmen der EZB also nicht mehr als Geldpolitik ansehen wollte, folgte daraus eine normative Unzulässigkeit nur dann, wenn man entweder bereits die Annahme fehlender Gefahren für die Preisstabilität als unvertretbar ansieht (denn dann dürfte die EZB tatsächlich keinerlei wirtschaftspolitische Maßnahmen ergreifen) oder davon ausgeht, dass die ergriffenen Maßnahmen mit den Zielen des Art. 3 EUV von vornherein unvereinbar

---

[105] Vgl. dazu nur *E. Görgens/K. Ruckriegel/F. Seitz*, Europäische Geldpolitik, S. 298 ff.

[106] Diese Einschätzung wird nicht zuletzt auch vom Sachverständigenrat in dessen aktuellem Jahresgutachten geteilt, vgl. *Sachverständigenrat*, Stabile Architektur für Europa – Handlungsbedarf im Inland, Jahresgutachten 2012/2013, Rn 150 ff.

[107] Die Inflationsrate im Euroraum betrug im Januar 2013 nach Angaben von Eurostat genau 2%. Für den Februar 2013 prognostizierte Eurostat eine Inflationsrate von 1,8% – mithin praktisch exakt den von der EZB angestrebten Wert, vgl. *Eurostat*, Pressemitteilung 29/2013 vom 28.2.2013 und 30/2013 vom 1.3.2013. Bis Juni 2013 wurde die Rate von 2% nicht mehr überschritten, lag bisweilen sogar deutlich darunter, vgl. *Eurostat*, Pressemitteilung 69/2013 vom 30. April 2013.

sind. Ein entsprechender Nachweis dürfte allerdings kaum gelingen. Im Ergebnis bleibt es also dabei: **Die LTRO sind normativ nicht zu beanstanden.**

Kapitel 4

Zusammenfassung und Ausblick

> „Schlussendlich wird über die Bewältigung der Krise aber nicht durch Gerichte entschieden werden können, sondern durch gewählte Parlamente, Regierungen und die Wähler selbst [...]."
> *Prof. Dr. Christoph Herrmann*[1]

A. Zusammenfassung

Die Ergebnisse des zweiten und dritten Kapitels der Untersuchung können in folgenden Thesen zusammengefasst werden:

1. Der EZB obliegen nach Art. 127 Abs. 1 AEUV zwei Kernaufgaben, die in einem normativen Stufenverhältnis zueinander stehen: Gewährleistung der Preisstabilität und Unterstützung der Wirtschaftspolitik in der Union.

2. Die Gewährleistung stabiler Preise ist eine wesentliche Funktionsbedingung einer marktwirtschaftlichen Volkswirtschaft. Dass diese Aufgabe eine der Kernaufgaben einer jeden Zentralbank sein muss, wird von praktisch keiner Seite mehr bestritten.

3. Im europäischen Primärrecht wird der Begriff der Preisstabilität nicht näher erläutert; es handelt sich um einen unbestimmten Rechtsbegriff, der der Konkretisierung bedarf. Dabei folgt aus ökonomischen Überlegungen erstens, dass dieser Begriff als Preisniveaustabilität zu interpretieren ist. Es geht also um die Gewährleistung eines stabilen Preisniveaus und nicht um die Aufhebung in einer Marktwirtschaft erwünschter Preisbewegungen. Zweitens ist Preisstabilität in einem Währungsgebiet wie der Eurozone aus verschiedenen Gründen nicht mit 0 % Inflation gleichzusetzen.

---

[1] *C. Herrmann*, Die Bewältigung der Euro-Staatsschulden-Krise an den Grenzen des deutschen und europäischen Währungsverfassungsrechts, EuZW 2012, 805 (812).

4. Welches leicht positive Inflationsziel die EZB anstrebt, ist dieser normativ nicht vorgegeben; sie hat insoweit einen Beurteilungsspielraum. Die von ihr mittlerweile angestrebte Rate von „unter, aber nahe 2%" ist vor diesem Hintergrund normativ nicht zu beanstanden. Zulässig wäre aber auch eine leichte Erhöhung dieses Zielwertes.

5. Der Beurteilungsspielraum der EZB bezieht sich auch auf die bedeutende Frage mit welcher Messmethode Inflationsentwicklungen des Euroraumes ermittelt werden. Der von der EZB herangezogene „Harmonisierte Verbraucherpreisindex", der auf von Eurostat ermittelten Daten beruht erweist sich ebenso als zulässig, wie die von der EZB getroffene Entscheidung, die Entwicklung der Vermögenspreise nicht in den Preisindex einzubeziehen.

6. Soweit keine Inflationsgefahren bestehen, unterstützt die EZB die Wirtschaftspolitik in der Union. Die Beurteilung ob und inwieweit Inflationsgefahren bestehen, obliegt dabei vornehmlich der EZB selbst; diese erweist sich erst dann als rechtlich unhaltbar, wenn sie sich als „offensichtlich fehlsam" darstellen sollte. Angesichts der Komplexität wirtschaftlicher Prozesse wird eine solche Feststellung aber nur selten zu treffen sein. Der EZB ist es daher zumindest faktisch möglich unter Berufung auf diese Bestimmung jederzeit Wirtschaftspolitik zu betreiben.

7. Bei der Konkretisierung des Begriffs der Wirtschaftspolitik sind nur die Ziele des Art. 3 EUV zu berücksichtigen, die zumindest einen marginalen wirtschaftlichen Bezug aufweisen. In diesem Rahmen kann die EZB dann jedoch nicht nur die Wirtschaftspolitik der Union, sondern auch diejenige der Mitgliedstaaten unterstützen. Zudem sind ihr nach Art. 127 Abs. 5 AEUV auch Maßnahmen zur Unterstützung der Finanzmarktstabilität gestattet. Insgesamt hat die EZB auch an dieser Stelle einen vergleichsweise weiten Beurteilungsspielraum.

8. Bei der Tätigkeit einer Zentralbank spielt das ihr zugewiesene Banknotenmonopol die entscheidende Rolle. Über die dadurch begründete Nachfrage der Kreditinstitute nach Banknoten, ist es der EZB möglich, den Tagesgeldsatz oder die Geldbasis zu steuern. Allerdings sollte der Einfluss einer Zentralbank angesichts der komplexen Transmissionswege geldpolitischer Entscheidungen auf die volkswirtschaftliche Entwicklung nicht überschätzt werden. Zudem sollten sich geldpolitische Laien (etwa Verfassungsrichter) angesichts dieser Schwierigkeiten bei der Bewertung geldpolitischer Maßnahmen zurückhalten.

9. Bei den Instrumenten der EZB dominieren die Offenmarkt- und Kreditgeschäfte, bei denen die EZB in geschäftliche Beziehungen zu den Marktteilnehmern tritt und die in Art. 18.1 der Satzung der EZB nor-

A. Zusammenfassung

miert sind. Als einziges „hoheitliches" Instrument tritt die Mindestreservepflicht hinzu, die freilich als tagespolitisches Instrument der Geldpolitik praktisch keine Rolle spielt.

10. In Art. 123 Abs. 1 AEUV werden der EZB darüber hinaus bestimmte geldpolitische Maßnahmen ausdrücklich untersagt, um eine zu starke Verflechtung der staatlichen Haushalts- mit der Geldpolitik zu verhindern. Verboten sind danach einerseits Überziehungs- oder andere Kreditfazilitäten der Union oder Mitgliedstaaten bei der EZB sowie der unmittelbare Erwerb von Schuldtiteln der Union oder Mitgliedstaaten durch die EZB.

11. Bei der Entscheidung über den Einsatz der ihr zur Verfügung stehenden Instrumente entwickelt jede Zentralbank im Laufe der Zeit ihre eigene „geldpolitische Strategie". Auch der EZB ist in dieser Hinsicht normativ nichts vorgegeben. Die EZB hat sich für eine Art Kombination einer direkten Inflationssteuerung und einer Geldmengenstrategie entschieden, was sie selbst als „Zwei-Säulen-Strategie" bezeichnet und sich aus normativer Perspektive ohne Weiteres als zulässig erweist.

12. Hinsichtlich der Schlüsse, die aus der „Zwei-Säulen-Strategie" für den konkreten Einsatz geldpolitischer Instrumente zu ziehen sind bestehen keine einfachen „Wenn-Dann-Beziehungen". Normativ lässt sich der der EZB insoweit zur Verfügung stehende Spielraum im Ergebnis daher kaum sinnvoll begrenzen; das Recht stößt an dieser Stelle auf gewisse Regelungsgrenzen.

13. Art. 130 und Art. 282 Abs. 3 AEUV garantieren die Unabhängigkeit der EZB, die richtigerweise als demokratietheoretisch zwar bedenkliche aber gleichwohl notwendige und damit zulässige Funktionsvoraussetzung einer auf Preisstabilität verpflichteten Zentralbank angesehen wird. Unabhängigkeit darf insoweit aber nicht mit Beziehungslosigkeit im Verhältnis zur staatlichen Fiskal- und Wirtschaftspolitik verwechselt werden. Auch der AEU-Vertrag will beide Bereiche daher nicht vollständig voneinander abkoppeln.

14. Der endgültige Erwerb von Staatsanleihen auf dem Sekundärmarkt ist der EZB grundsätzlich im Rahmen ihrer Offenmarkt- und Kreditgeschäfte gestattet. Das gilt auch für die Anleihen krisengeschüttelter Mitgliedstaaten. Richtigerweise ist die Frage der Marktfähigkeit formell zu bestimmen. Es kommt also nicht darauf an, ob die jeweiligen Papiere zum Zeitpunkt des Erwerbs durch die EZB auch tatsächlich gehandelt werden.

15. Angesichts der Tatsache, dass die Mitgliedstaaten von Anleihekäufen durch die EZB zumindest faktisch erheblich profitieren können untersagt Art. 123 Abs. 1 AEUV zumindest den unmittelbaren Ankauf

von Staatsanleihen auf dem Primärmarkt. Ein solcher Erwerb erweist sich deshalb als besonders problematisch, weil dadurch die Sanktionswirkung des Marktes umgangen wird, so dass sich die Mitgliedstaaten zumindest theoretisch unbegrenzt finanzieren könnten. Eine pauschale Gleichsetzung des unmittelbaren mit dem mittelbaren Erwerb erweist sich vor dem Hintergrund dieser Überlegungen als verfehlt.

16. Eine normative Begrenzung des Erwerbs von Staatsanleihen auf „Ausnahmen" lässt sich dem europäischen Primärrecht nicht entnehmen. Es wäre auch völlig unklar, unter welchen Umständen eine solche Ausnahme angenommen werden sollte und in welchem Umfang dann ein Erwerb zulässig wäre.

17. Der Erwerb muss jedoch nach dem Grundsatz der begrenzten Einzelermächtigung stets zur Verfolgung des geldpolitischen Mandats der EZB erfolgen. In einem heterogenen Währungsgebiet und einer darin begründeten Fragmentierung der Auswirkungen geldpolitischer Maßnahmen entlang nationaler Grenzen wie der Eurozone wird man dabei allerdings auch regionale (unkonventionelle) Steuerungsversuche der EZB nicht per se als nicht geldpolitisch motiviert ansehen können. Zudem ist eine von der EZB vorgetragene geldpolitische Motivation angesichts des ihr eingeräumten Beurteilungsspielraums normativ lediglich auf ihre Vertretbarkeit zu untersuchen. Eine solche Vertretbarkeitskontrolle vermögen die von der EZB ergriffenen Maßnahmen insoweit jedoch zu überstehen.

18. Selbst wenn man eine geldpolitische Motivation im Ergebnis nicht (mehr) annehmen wollte, könnte der Erwerb angesichts der aktuell nicht bestehenden Inflationsgefahren zumindest auf das subsidiäre wirtschaftspolitische Mandat der EZB gestützt werden.

19. Eine Umgehung des Art. 123 Abs. 1 AEUV wäre nur anzunehmen, wenn die EZB eine Ankaufgarantie mitgliedstaatlicher Anleihen zum Emissionspreis abgäbe oder wenn die Mitgliedstaaten den ESM mit einer Banklizenz ausstatten sollten. Beides ist (bisher) jedoch nicht geschehen.

20. Auch eine Verletzung des Erfordernisses der Unabhängigkeit kann im Erwerb der betreffenden Anleihen nicht gesehen werden, da diese nicht mit Beziehungslosigkeit gleichgesetzt werden darf. Es gilt vielmehr eine formelle Betrachtungsweise, wonach für die Wahrung der Unabhängigkeit lediglich vorauszusetzen ist, dass die Entscheidungen der EZB unbeeinflusst von anderen Organen der Union oder der Mitgliedstaaten erfolgen. Ein möglicherweise erhöhter politischer Druck ist von Seiten der EZB auszuhalten.

21. Die Annahme griechischer und nunmehr auch zypriotischer Staatsanleihen erweist sich normativ als bedenklich. Zwar gilt es hier auch die besondere Situation der EZB und die von dieser vorgenommenen Risikoabschläge zu berücksichtigen. Gleichwohl erweist es sich als zweifelhaft, ob diese Staatsanleihen als „ausreichende Sicherheit" im Sinne des Art. 18.1 der Satzung der EZB angesehen werden können.

22. Die LTROs sind mit europäischem Primärrecht vereinbar auch wenn es dadurch zu einer erheblichen Ausweitung der Geldbasis gekommen ist. Wie das Beispiel Japan zeigt, muss eine solche Ausweitung aber keineswegs zu erhöhten Inflationsraten führen, zudem erweist sich das Ziel der Wiederherstellung der Funktionsfähigkeit der privaten Kreditvergabe als geldpolitisch vertretbar. Darüber hinaus könnten die Maßnahmen erneut zumindest auf das wirtschaftspolitische Mandat der EZB gestützt werden.

B. Ausblick

Von einem offensichtlichen Verstoß gegen die Verträge kann bei den von der EZB im Zusammenhang mit der Euro- und Staatsschuldenkrise ergriffenen Maßnahmen entgegen dem in der Öffentlichkeit bisweilen vermittelten Eindruck letztlich also keine Rede sein. Ihren weiten Beurteilungsspielraum hat die EZB lediglich bei der Herabsetzung der Qualitätsanforderungen für notenbankfähige Sicherheiten wohl überschritten. Allenfalls insoweit hätte eine Klage gegen die EZB (vgl. Art. 35.1 der Satzung der EZB)[2] eventuell Erfolg. Die Überprüfung der Anleihekäufe der EZB im ESM-Hauptsacheverfahren vor dem Bundesverfassungsgericht,[3] wird damit ebenfalls keinen Verstoß gegen das Grundgesetz feststellen können. Auch eine Vorlage an den EuGH ist angesichts der „restriktiven" Vorlagepraxis des Bundesverfassungsgerichts[4] insoweit eher unwahrscheinlich aber – schon angesichts des zurückgenommenen Prüfungsmaßstabs des Bundesverfassungsgerichts – wohl auch nicht erforderlich.

---

[2] Zu Fragen des Rechtsschutzes gegen das Handeln der EZB auch *H. J. Hahn/U. Häde*, Währungsrecht, § 19, Rn. 1 ff.

[3] BVerfG, 2 BvR 1390/12 vom 12.9.2012, Rn. 202. Siehe dazu auch die Pressemitteilung des Bundesverfassungsgerichts Nr. 29/2013 vom 19. April 2013 zur mündlichen Verhandlung im Hauptsacheverfahren ESM/EZB.

[4] Das Bundesverfassungsgericht hat noch nie ein Vorabentscheidungsverfahren nach Art. 267 AEUV beim EuGH eingeleitet, obwohl dazu durchaus schon die Möglichkeit bestanden hätte. Ausführlich zum Vorabentscheidungsverfahren *M. Pechstein*, EU-Prozessrecht, Rn. 740 ff. sowie *A. Thiele*, Europäisches Prozessrecht, § 9.

Insgesamt zeigt sich damit auch an dieser Stelle, dass es kein normatives Patentrezept zur Rettung des Euro gibt.[5] Alles andere wäre in einer Demokratie auch unangebracht. Das Recht gibt lediglich einen Rahmen vor, will sich gerade bei ökonomisch umstrittenen Sachverhalten aber allenfalls punktuell und selten abschließend auf eine der unterschiedlichen Auffassungen verbindlich festlegen. Es eröffnet auf diesem Wege die Möglichkeit des (geordneten) politischen Diskurses und gibt den politischen Entscheidungsträgern den notwendigen Spielraum, den es in einer lebendigen Demokratie zwingend bedarf, was auch in dem Eingangszitat von *Christoph Herrmann* zum Ausdruck kommt.

Die getroffenen Entscheidungen sind dabei zweifellos auch von der Rechtswissenschaft stets kritisch zu hinterfragen. Dass bedeutet aber gerade nicht, jede einzelne Entscheidung umgehend als „offenkundigen Rechtsbruch" zu brandmarken, wenn man mit dieser inhaltlich nicht einverstanden sein sollte. Ein solches Vorgehen hat zumindest mit seriöser Rechtswissenschaft nichts zu tun. Der vermeintliche Rechtsbruch muss vielmehr in differenzierter Art und Weise und unter Beachtung der juristischen Methodenlehre ausführlich und vor allem unter Berücksichtigung anderer Auffassungen (also nicht unter Behauptung unbedingter Wahrheit) dargelegt und begründet werden. Der reflexartige pauschale und laute Aufschrei hingegen schadet nicht nur der Idee der Europäischen Union als Rechtsgemeinschaft,[6] sondern erweist sich im Ergebnis auch als ausgesprochen undemokratisch. Dessen sollte sich jeder bewusst sein, der vorschnell meint, sich für die Durchsetzung seiner Interessen auf die Dignität des Rechts berufen zu können.

---

[5] Vgl. auch die Aussage von *A. Voßkuhle*, Der Rechtsanwalt und das Bundesverfassungsgericht – Aktuelle Herausforderungen der Verfassungsrechtsprechung, NJW 2013, 1329 (1335): „Über die Zukunft Europas und die richtige Strategie der Staatsschuldenkrise wird in Karlsruhe nicht entschieden. Das ist Aufgabe der Politik und nicht der Rechtsprechung."

[6] Denn es wird der Eindruck vermittelt, dass der Vertrags- und Rechtsbruch bereits zur Routine geworden ist. Konsequenterweise schwindet in der Bevölkerung nicht nur das Vertrauen in die Union und die Bundesrepublik als Rechtsgemeinschaft, sondern auch in die politischen Entscheidungsträger, die (wenn es sein muss) ohnehin „machen was sie wollen". Das Recht insgesamt wird durch solch pauschale und unfundierte Aussagen also nicht gestärkt, sondern geschwächt.

Literaturverzeichnis

Ahsan, Amirul/Skully, Michael/Wickramanayake, J.: Determinants of Central Bank Independence and Governance: Problems and Policy Implications, JOAAG Vol. 1 (2006), No. 1

Akerlof, George/Shiller, Robert: Animal Spirits. How Human Psychology Drives the Economy and Why it Matters for Global Capitalism, 2010

Arnoldi, Jakob: Alles Geld verdampft. Finanzkrise in der Weltrisikogesellschaft, 2009

Bagehot, Walter: Lombard Street, 1873

Bauer, Denise Alessandra: Ein Organisationsmodell zur Regulierung der Rating-Agenturen. Ein Beitrag zur regulierten Selbstregulierung am Kapitalmarkt, 2009

Beck, Hanno/Prinz, Aloys: Staatsverschuldung. Ursachen, Folgen, Auswege, 2011

Beckmann, Klaus/Dieringer, Jürgen/Hufeld,Ulrich (Hrsg.): Eine Verfassung für Europa, 2. aktualisierte und erweiterte Auflage 2005

Begg, David: The Design of EMU, IMF Working Paper 97/99, August 1997

Bernanke, Ben: Monetary Policy Since the Onset of the Crisis, speech at the Federal Reserve Bank of Kansas City Economic Symposium, Jackson Hole, Wyoming, 31 August 2012

Bertelsmann Stiftung (Hrsg.), Vorteile Deutschlands durch die Währungsunion, 2013

Bieber, Roland/Epiney, Astrid/Haag, Marcel: Die Europäische Union, 10. Auflage 2013

Bindseil, Ulrich: Monetary Policy Implementation Theory – Past, – Present, 2004

Blankart, Charles B.: Öffentliche Finanzen in der Demokratie. Eine Einführung in die Finanzwissenschaft, 8. Auflage 2011

Bley, Andreas: Was kann die EZB von der Bank of England lernen?, Wirtschaftsdienst 2003, 478

Blyth, Mark: Austerity. The History of a Dangerous Idea, 2013

Bogdandy, Armin von/Bast, Jürgen (Hrsg.): Europäisches Verfassungsrecht. Theoretische und dogmatische Grundzüge, 2. Auflage 2009

Borio, Claudio: Central banking post-crisis: What compass for uncharted waters?, BIS Working Paper No 353, September 2011

Braunberger, Gerald: Neue Ideen in der Geldpolitik, FAZ vom 6. Mai 2013, S. 18

Brosius-Gersdorf, Frauke: Deutsche Bundesbank und Demokratieprinzip. Eine verfassungsrechtliche Studie zur Bundesbankautonomie vor und nach der dritten Stufe der Europäischen Währungsunion, 1997

Calliess, Christian: Perspektiven des Euro zwischen Solidarität und Recht – Eine rechtliche Analyse der Griechenlandhilfe und des Rettungsschirms, ZEuS 2011, 213 ff.

–: Finanzkrisen als Herausforderung der internationalen, europäischen und nationalen Rechtsetzung, VVDStRL 71 (2012), 113 ff.

Calliess, Christian/Ruffert, Matthias (Hrsg.): EUV/AEUV, 4. Auflage 2011

Capie, Forrest/Goodhart, Charles/Fischer, Stanley/Schnadt, Norbert (Hrsg.): The Future of Central Banking, 1994

Carney, Mark: Monetary Policy After the Fall, Eric J. Hanson Memorial Lecture, May 2013

Cobham, David: The past, present and future of central banking, Heriot-Watt University, Preliminary Draft, April 2012

Cooper, George: The Origin of Financial Crisis. Central Banks, Credit Bubbles and the Efficient Market Fallacy, 2008

De Gregorio Merino, Alberto : Legal Developments in the Economic and Monetary Union during the Debt Crisis: The Mechanisms of Financial Assistance, CMLRev 49 (2012), 1613

Degenhart, Christoph: Auf dem Weg zu einer quasi-föderalen Haftungs- und Transfergemeinschaft, Wirtschaftsdienst 2011, 374 ff.

Deutsche Bundesbank (Hrsg.): Währung und Wirtschaft in Deutschland 1876–1975, 1976

–: Die Deutsche Bundesbank – Geldpolitische Aufgaben und Instrumente, 1993

–: Fünfzig Jahre Deutsche Mark. Notenbank und Währung in Deutschland seit 1948, 1998

–: Stellungnahme gegenüber dem Bundesverfassungsgericht zu den Verfahren mit den AZ. 2 BvR 1390/12, 2 BvR 1421/12, 2 BvR 1439/12, 2 BvR 1824/12, 2 BvE 6/12, 21. Dezember 2012

–: Monatsbericht Mai 2013

Dreier, Horst (Hrsg.): Grundgesetz, Band II 2006

Dutzler, Barbara: Der Status des ESZB aus demokratietheoretischer Sicht, Der Staat 41 (2002), 495 ff.

Dyson, Kenneth/Featherstone, Kevin: The Road to Maastricht. Negotiating Economic and Monetary Union, 1999

Endler, Jan: Europäische Zentralbank und Preisstabilität, 1998

Europäische Zentralbank: Durchführung der Geldpolitik im Euro-Währungsgebiet. Allgemeine Regelungen für die geldpolitischen Instrumente und Verfahren des Eurosystems, 2011

–: Die Geldpolitik der EZB, 2011

–: The Euro Area Bank Lending Survey, April 2013

–: Stellungnahme zu den Verfassungsbeschwerden 2 BvR 1390/12, 2 BvR 1439/12 und 2 BvR 1824/12 sowie Organstreitverfahren 2 BvE 6/12, 16. Januar 2013

Ferguson, Niall: The Ascent of Money. A financial history of the World, 2008

Financial Crisis Inquiry Commission: The Financial Crisis Inquiry Report. Final Report of the National Commission on the Causes of the Financial and Economic Crisis in the United States, 2011

Forkel, Hans-Walter: Euro-Rettung, Demokratie und Rechtsstaat, ZRP 2012, 240 ff.
Fratzscher, Marcel/Fuest, Clemens/Grüner, Hans Peter/Hüther, Michael/Rocholl, Jörg: Ein Plädoyer für den Euro, Süddeutsche Zeitung vom 1./2. Juni 2013, S. 26
Frenz, Walter/Ehlenz, Christian: Europäische Wirtschaftspolitik nach Lissabon, GewArch 2010, 329 ff.
–: Der Euro ist gefährdet: Hilfsmöglichkeiten bei drohendem Staatsbankrott?, EWS 2010, 65 ff.
Gaitanides, Charlotte: Das Recht der Europäischen Zentralbank. Unabhängigkeit und Kooperation in der Europäischen Währungsunion, 2005
Glaser, Andreas: Anmerkung, DVBl. 2013, 167 ff.
–: Die Neuausrichtung der EU-Finanzverfassung durch den europäischen Stabilitätsmechanismus, DÖV 2012, 901 ff.
Goodhart, Charles Albert Eric: The Regulatory Response to the Financial Crisis, 2010
Goodhart, Charles Albert Eric/Schoenmaker, Dirk: Should the Functions of Monetary Policy and Banking Supervision be separated?, Oxford Economic Papers 47 (1995), S. 539 ff.
Görgens, Egon/Ruckriegel, Karlheinz/Seitz, Franz: Europäische Geldpolitik. Theorie, Empirie, Praxis, 5. Auflage 2008
Grilli, Vittorio/Masciandaro, Donato/Tabellini, Guido: Political and monetary institutions and public financial policies in the industrial countries, Economic Policy 13 (1991), 342 ff.
Gröpl, Christoph: Schritte zur Europäisierung des Haushaltsrechts, Der Staat 52 (2013), 1 ff.
Guérot, Ulrike: Zwischen Haushalts- und Legitimationsdefizit: Zur Zukunft der europäischen Demokratie, APuZ 6–7/2013, 3 ff.
Hagelüken, Alexander/Boehringer, Simone: Soll die EZB den Euro retten, Süddeutsche Zeitung vom 13.3.2013, S. 17
Hahn, Hugo J./Häde, Ulrich: Währungsrecht, 2. Auflage 2010
Hayek, Friedrich August von: Denationalization of Money – the Argument Refined, 1978
Hentschelmann, Kai: Der Stabilitäts- und Wachstumspakt, 2009
Herdegen, Matthias: Europarecht, 15. Auflage 2013
–: Price Stability and Budgetary Restraints in the Economic and Monetary Union: The Law as Guardian of Economic Wisdom, CMLRev 38 (1998), 9 ff.
Herrmann, Christoph: Währungshoheit, Währungsverfassung und subjektive Rechte, 2010
–: Die Bewältigung der Euro-Staatsschulden-Krise an den Grenzen des deutschen und europäischen Währungsverfassungsrechts, EuZW 2012, 805 ff.
–: EZB-Programm für die Kapitalmärkte verstößt nicht gegen die Verträge – Erwiderung auf Martin Seidel, EuZW 2010, 521, EuZW 2010, 645 ff.
–: Die Mitgliedstaaten dürfen einander eben doch Kredite geben, abrufbar unter www.lto.de
Heun, Werner: Der Staat und die Finanzkrise, JZ 2010, 53 ff.
–: Staatsverschuldung und Grundgesetz, Die Verwaltung 18 (1985), 1 ff.

–: Die Zentralbank in den USA – das Federal Reserve System, Staatswissenschaften und Staatspraxis 9 (1998), 241 ff.
Heun, Werner/Thiele, Alexander: Verfassungs- und europarechtliche Zulässigkeit von Eurobonds, JZ 2012, 973 ff.
Hiß, Stefanie/Nagel, Sebastian: Ratingagenturen zwischen Krise und Regulierung, 2011
Hoffmann-Riem, Wolfgang/Schmidt-Aßmann, Eberhard/Voßkuhle, Andreas (Hrsg.), Grundlagen des Verwaltungsrechts, Band I, 2. Auflage, 2012
Höfling, Wolfram: Finanzmarktregulierung – Welche Regelungen empfehlen sich für den deutschen und europäischen Finanzsektor, Gutachten zum 68. Deutschen Juristentag, 2010
Homer, Sidney/Sylla, Richard: A History of Interest Rates, 3rd Revised Edition 1996
Horn, Hans-Detlef: Über den Grundsatz der Gewaltenteilung in Deutschland und Europa, JöR 49 (2001), 287 ff.
Irwin, Neil: Alchemists. Three Central Bankers and a World on Fire, 2013
Issing, Otmar: Einführung in die Geldtheorie, 15. Auflage 2011
–: A New Paradigm for Monetary Policy?, CFS Working Paper No. 2013/02, May 2013
Issing, Otmar/Wieland, Volker: Monetary Theory and Monetary Policy: Reflections on the development over the last 150 years, CFS Working Paper 2012/20, December 2012
James, Harold: Making the European Monetary Union. The Role of the Committee of Central Bank Governors and the Origins of the European Central Bank, 2012
Jácome, Luis I./Matamoros-Indorf, Marcela/Sharma, Mrinalini/Townsend, Simon: Central Bank Credit to the Government: What Can We Learn from international Practices?, IMF Working Paper 12/16, January 2012
Jarchow, Hans-Joachim: Grundriss der Geldpolitik, 9. Auflage 2010
Joyce, Michael/Tong, Matthew/Woods, Robert: The United Kingdom's Quantitative Easing Policy: Design, Operation and Impact, Bank of England Quarterly Bulletin (Q3 2011), S. 200 ff.
Kahl, Wolfgang: Bewältigung der Staatsschuldenkrise unter Kontrolle des Bundesverfassungsgerichts – ein Lehrstück zur horizontalen und vertikalen Gewaltenteilung, DVBl. 2013, 197 ff.
Kaufhold, Ann-Katrin: Systemaufsicht. Der Europäische Ausschuss für Systemrisiken im Finanzsystem als Ausprägung einer neuen Aufsichtsform, Die Verwaltung 46 (2013), 21 ff.
Kerber, Markus C./Städter, Stefan: Die EZB in der Krise: Unabhängigkeit und Rechtsbindung als Spannungsverhältnis. Ein Beitrag zum Individualrechtsschutz gegen Rechtsverstöße der EZB, EuZW 2011, 536 ff.
Kindleberger, Charles P./Aliber, Robert: Manias, Panics and Crashes. A History of Financial Crises, 6th edition 2011
King, Mervyn: Twenty years of inflation targeting, The Stamp Memorial Lecture, London School of Economics, October 2012

Kirchgässner, Gebhard: Zur Rolle der Ökonometrie in der wissenschaftlichen Politikberatung, Thünen-Vorlesung 2012 des Vereins für Socialpolitik, 10. September 2012
Klein, Hans Hugo: Überfordert, FAZ vom 31. Mai 2013, S. 7
Kohtamäki, Natalia: Die Reform der Bankenaufsicht in der Europäischen Union, 2012
Konrad, Kai A./Zschäpitz, Holger: Schulden ohne Sühne? Warum der Absturz der Staatsfinanzen uns alle trifft, 2010
Koo, Richard C.: It Is Private, Not Public Finances that Are Out of Wrack, Nomura Research Institute, November 15, 2012
–: The Holy Grail of Macroeconomics: Lessons from Japan's great Recession, 2009
Krugman, Paul: How the Case for Austerity Has Crumbled, The New York Review of Books, Volume LX (2013), Number 10, S. 67 ff.
Kube, Hanno: Die Zukunft der Europäischen Union – Kooperation oder Abgrenzung?, EuZW 2013, 281 ff.
Kube, Hanno/Reimer, Ekkehart: Grenzen des europäischen Stabilisierungsmechanismus, NJW 2010, 1911 ff.
Kuttner, Robert: The Debt We Shouldn't Pay, The New York Review of Books, Volume LX (2013), Number 8, S. 16 ff.
Lancaster, John: I.O.U. Why Everyone Owes Everyone and No One Can Pay, 2010
Lastra, Rosa Maria: Legal Foundations of International Monetary Stability, 2006
Martin, Christopher/Milas, Costas: Quantitative easing: a sceptical survey, Oxford Review of Economic Policy 28 (2012), 750 ff.
Maunz, Theodor/Dürig, Günter: Grundgesetz, Band IV, Stand: April 2010
Mayer, Thomas: Draghis Umverteilung, FAS vom 12. Mai 2013, S. 30
Meltzer, Allen H.: A History of the Federal Reserve, Volume I 2003, Volume II/1 2009, Volume II/2 2009
Möllers, Christoph: Gewaltengliederung. Legitimation und Dogmatik im nationalen und internationalen Rechtsvergleich, 2005
–: Dogmatik der grundgesetzlichen Gewaltengliederung, AöR 132 (2007), 493 ff.
National Commission on the Causes of the Financial and Economic Crisis in the United States: The Financial Crisis Inquiry Report, 2011
Notre Europe: Den Euro vollenden, November 2012
Ohr, Renate: Monetäre Integration in der Europäischen Gemeinschaft: Vom Werner-Plan zum Euro, Wirtschaftsdienst 2007, 106 ff.
–: Falsche Anreize in der Währungsunion – eine Gefahr für die EU, Wirtschaftsdienst 2011, 370 ff.
– (Hrsg.): Europäische Union ohne Grenzen, 2007
Oppermann, Thomas/Classen, Claus Dieter/Nettesheim, Martin: Europarecht, 5. Auflage 2011
Park, Seok Gil: Central Banks Quasi-Fiscal Policies and Inflation, IMF Working Paper 12/14, January 2012
Pechstein, Matthias: EU-Prozessrecht, 4. Auflage 2011
Reichlin, Lucrezia/Baldwin, Richard (Hrsg.): Is Inflation Targeting Dead? Central Banking After the Crisis, 2013

Rogoff, Kenneth: The Optimal Degree of Commitment to an Intermediate Monetary Target, Quarterly Journal of Economics, Vol. 100 (1985), 1169 ff.
Ruffert, Matthias: Mehr Europa – eine rechtswissenschaftliche Perspektive, ZG 2013, 1 ff.
–: The European Debt Crisis and European Union Law, CMLRev 48 (2011), 1777 ff.
Sachverständigenrat zur Begutachtung der gesamtwirtschaftlichen Entwicklung: Stabile Architektur für Europa – Handlungsbedarf im Inland. Jahresgutachten 2012/2013
Scharpf, Fritz W.: Was soll und kann die Europäische Union?, ZSE 2012, 540 ff.
Scherf, Wolfgang: Öffentliche Finanzen. Einführung in die Finanzwissenschaft, 2009
Schorkopf, Frank: Europas politische Verfasstheit im Lichte des Fiskalvertrages, ZSE 2012, 1 ff.
Schröder, Thomas: Zum Begriff der Gesetzesumgehung im materiellen Strafrecht und seiner Bedeutung für die praktische Anwendung des Rechts, 2013
Schwarze, Jürgen (Hrsg.): EU-Kommentar, 3. Auflage 2012
Seidel, Martin: Der Ankauf nicht markt- und börsengängiger Staatsanleihen, namentlich Griechenlands, durch die Europäische Zentralbank und nationale Zentralbanken – rechtlich nur fragwürdig oder Rechtsverstoß?, EuZW 2010, 521
Sester, Peter: Die Rolle der EZB in der europäischen Staatsschuldenkrise, EWS 2012, 80 ff.
Siebelt, Johannes: Der juristische Verhaltensspielraum der Zentralbank. „Vorrechtliches Gesamtbild" und Verfassungsauftrag an den Gesetzgeber, 1988
Siedenbiedel, Christian: Das Duell der Notenbanker, FAS vom 19. Mai 2013, S. 28
Siekmann, Helmut: Missachtung rechtlicher Vorgaben des AEUV durch die Mitgliedstaaten und die EZB in der Schuldenkrise, Institute for Monetary and Financial Stability, Working Paper Series No. 65 (2012)
Sinn, Hans-Werner: Kasinokapitalismus, 2009
Smith, Vera C.: The Rationale of Central Banking, 1936
Smits, René: The European Central Bank: Institutional Aspects, 1997
Spahn, Heinz-Peter: Geldpolitik. Finanzmärkte, neue Makroökonomie und zinspolitische Strategien, 2. Auflage 2009
Starck, Christian (Hrsg.): Staat und Individuum im Rechtsvergleich, 2000
Stein, Johann H. von (Hrsg.): Handbuch Euro. Analysen und Strategien für Bank- und Finanzmanagement, 1998
Stone, Mark/Fujita, Kenji/Ishi, Kotaro: Should Unconventional Balance Sheet Policies be Added to the Central Bank Toolkit? A Review of the Experience So Far, IMF Working Paper 11/145, June 2011
Streeck, Wolfgang: Was nun, Europa? Kapitalismus ohne Demokratie oder Demokratie ohne Kapitalismus, Blätter für deutsche und internationale Politik, 2013, 58 ff.
–: Gekaufte Zeit. Die vertagte Krise des demokratischen Kapitalismus, 2013
Streinz, Rudolf: Europarecht, 9. Auflage 2012
– (Hrsg.): EUV/AEUV, 2. Auflage 2012

Taylor, John B.: Discretion versus policy rules in practice, Carnegie-Rochester Series on Public Policy 39 (1993), 195 ff.
–: Monetary Policy Rules Work and Discretion Doesn't: A Tale of Two Eras, Journal of Money, Credit and Banking, Vol. 44 (2012), 1017 ff.
Terhechte, Jörg P. (Hrsg.): Verwaltungsrecht der Europäischen Union, 2011
Thiele, Alexander: Divergierende Risikomodelle und der Gesetzgeber. Anforderungen an das Recht am Beispiel des „Weltrisikos" Finanzmarkt, ZG 2010, 127 ff.
–: (K)eine Herzensangelegenheit? Die „Euro-Rettung" darf zu keiner Spaltung der Union führen, EuZW 2012, 929
–: Europäisches Prozessrecht, 2007
–: Europarecht, 10. Auflage 2013
–: Finanzaufsicht. Der Staat und die Finanzmärkte, 2013 (i.E.)
–: EU-Konzept für eine Bankenunion: Europa braucht keine Mega-EZB, abrufbar unter www.lto.de
Thiemeyer, Guido: Europäische Integration, 2010
Tönningsen, Gerrit: Die Regulierung von Ratingagenturen, ZBB 2011, 460 ff.
Ueda, Kenichi/ Valencia, Fabián: Central Bank Independence and Macro-prudential Regulation, IMF Working Paper 12/101, April 2012
Vaubel, Roland: Der Gerichtshof als Agent der Zentralisierung, FAZ vom 14.01.2013, S. 18
Vogel, Max: Die europarechtliche Bewertung der Euro-Rettung, ZSE 2012, 459
Volkmann, Jörn: Volkswirtschaftslehre, 7. Auflage 2009
Voßkuhle, Andreas: Der Rechtsanwalt und das Bundesverfassungsgericht – Aktuelle Herausforderungen der Verfassungsrechtsprechung, NJW 2013, 1329 ff.
Walsh, Carl E.: Optimal Contracts for Central Bankers, American Economic Review, Vol. 85 (1995), 150 ff.
Weidmann, Jens: Wie eine Droge, Interview in Spiegel Nr. 35/2012, S. 75 ff.
–: Solide Staatsfinanzen für eine stabile Währungsunion, Rede beim Institute for Law and Finance, gehalten am 12.12.2012
Zelepos, Ioannis: Im Südosten nichts Neues? Ein historischer Blick auf die griechische Finanzkrise, Südosteuropa 60 (2012), 346 ff.
ZSE Editorial Staff: The European Union in 2012: a Review, ZSE 11 (2013), 128 ff.
Zydra, Markus: Schuften, nicht drucken, Süddeutsche Zeitung vom 29./30.5.2013, S. 17.

Register

Abwertung
- monetäre 7, 9 f.
- reale 9

adverse Schocks 29

Anleihekäufe
- generelle Zulässigkeit, Bedeutung und Problematik 59 ff.
- normative Begrenzungen des Art. 123 Abs. 1 AEUV 63 ff.
- Umgehung des Art. 123 Abs. 1 AEUV 73 ff.
- Verstoß gegen die Unabhängigkeit 76 ff.

Aufsichtsbehörden 26, 82

Balassa-Samuelson-Effekt 8, 29
Banklizenz 73 ff., 92
Banknotenmonopol 37, 41, 90
Beurteilungsspielraum (der EZB) 20 f., 27, 30 f., 36, 39, 70, 80, 90, 92 f.
Börsengängigkeit 61 f.
Bundesverfassungsgericht 5, 40, 74 ff., 93

Deflation 24, 28 f., 30, 46, 86
Deutsche Bundesbank 8, 14, 18, 42, 51, 53, 71 f., 76
direkte Inflationssteuerung 47 f., 91

EFSF 10, 36, 59
ESZB 19, 23 ff., 28, 33, 36, 41, 82
EuGH 31, 39, 93
Eurokrise 1 ff., 17, 19 f., 38, 45, 55, 69
- Ursachen 1 ff.
- siehe auch Staatsschuldenkrise

Eurozone 1, 7, 10 ff., 17, 28, 30 f., 47, 49, 71, 89, 92

Europäische Zentralbank
- Ankaufprogramme der EZB 58 f.
- Mandat der EZB 18 ff., 23 ff.
- neue Rolle der EZB 12 ff.
- unabhängige Stellung 51 ff., 76 ff.
- Verbot unmittelbarer Staatsfinanzierung 63 ff.
- Instrumente der EZB 37 ff.
- Longer-term refinancing Operations 84 ff.
- Zwei-Säulen-Ansatz 48 f.

ESM 10, 12, 36, 59, 68, 71, 75 f., 92 f.

Federal Reserve Bank 17, 26, 86
Finanzkrise 1 f., 9, 15 ff., 24 ff., 33, 82, 86
Finanzmarktstabilität 15, 26, 72, 90
Finanzmärkte 1 f., 15, 24, 42, 44, 48, 64 f.
Fiskalpolitik 3, 5, 14, 33, 45, 55, 68, 72, 76, 80, 91

Geldbasis 13, 37, 57, 62, 66, 84 ff., 90, 93
Geldmarktzinsen 38, 42, 60, 65
Geldmenge 37, 46 f., 49 f., 62, 65 f., 91
Geldpolitik 3 f., 7 f., 13, 16, 18, 28 f., 33 f., 35, 38, 41 f., 44, 55, 59, 68 ff., 76, 78, 87, 91
geldpolitische Strategie 19, 25, 41, 46 ff., 66, 91
Geschäftsbanken 42, 70

harmonisierter Verbraucherpreisindex (HVPI) 28, 30, 32
Heterogenität der Mitgliedstaaten 3 ff., 31

Inflation
- direkte Inflationssteuerung 47 f., 91
- Inflationsdifferenzen 8, 28, 30 f.
- Inflationserwartungen 54
- Inflationsprognose 47
- Inflationsrate 18, 28, 31 f., 34, 53 f., 78, 93
- Inflationsrisiken 48, 63, 85
- Inflationsziel 29 ff., 47 ff., 90
- Kerninflationsrate 32
- *siehe auch* Deflation
- *siehe auch* Teuerungsrate
Instrumente der EZB 41 ff.
Interbankengeldmarkt 85 f.

Japan 29, 85 ff., 93

Konvergenzkriterien 4 f., 32
Kreditblase 15

Leitzins 13, 29, 46, 57
Lohnpolitik 7
Lohnstückkosten 7, 9
longer-term refinancing operations (LTRO) 13, 44, 72, 84 ff.

makroökonomische Ungleichgewichte 9
M3-Referenzwert 49
- *siehe auch* M3-Wachstum
M3-Wachstum 66
Mandat der EZB
- Sicherung der Preisstabilität 24 ff.
- Unterstützung der Wirtschaftspolitik in der Union 33 ff.
Marktwirtschaft 24, 27 f., 33, 36, 42, 87, 89
Mindestreserve(satz) 13, 42 ff., 85
monetäre Haushaltsfinanzierung 45

Neutralität des Geldes 49
notenbankfähige Sicherheiten 12, 57, 80 ff., 93

Offenmarkt- und Kreditgeschäfte 42 ff.
Outright Monetary Transactions 12, 17, 59, 76

Preisstabilität
- Begriff 27 ff.
- Bedeutung in einer Volkswirtschaft 24 ff.
- Preisniveaustabilität 28, 67
Primärmarkt 45, 61 ff., 73 ff., 92
Ratingagenturen 12, 81 f.

Referenzwert M3 49
Risikoaufschlag 64

Sanktionswirkung (des Marktes) 64, 66 ff., 73, 75, 92
Schuldenschnitt 77, 83 ff.
Securities-Market-Programme 12, 17, 58 f.
Sekundärmarkt 45, 57, 62 ff., 74, 76, 91
Staatsschuldenkrise 24, 26, 31, 34, 40, 57 f., 70, 79, 81, 93
Staatsverschuldung 65
Stabilitätsgemeinschaft 4
Stabilitäts- und Wachstumspakt 5
Stellung der EZB 51 ff.

Tagesgeldzinsen 66
Taylor-Regel 50
Teuerungsrate 30, 32, 39, 49
- *siehe auch* Inflation
time-lags 38
Transmission (geldpolitischer Impulse) 17, 34, 38 f., 58 f., 69 ff., 76, 87, 90

Umlaufgeschwindigkeit des Geldes 49
Unabhängigkeit der EZB 51 ff., 76 ff.

Verschuldung 7, 16, 65

Wettbewerbsfähigkeit 7, 9 f.
Wirtschaftspolitik 3, 5, 8, 18, 21, 23, 33 ff., 45, 55, 72, 89 ff.

Zentralbank
– neue Rolle der Zentralbank 14 ff.
– theoretische Funktionsweise 37 ff.

Zwei-Säulen-Ansatz 47 ff.
– *siehe auch* Zwei-Säulen-Strategie
Zwei-Säulen-Strategie 33, 91
– *siehe auch* Zwei-Säulen-Ansatz